Curso práctico de poesía

Curso práctico de poesía

Un método sencillo
para todos los que escriben poesía,
o aspiran a escribirla

ALBA EDITORIAL
SOCIEDAD LIMITADA

⋏ Guías del escritor

Título original: *A Practical Poetry Course*

Traducción y adaptación: SILVIA ADELA KOHAN

© Alison Chisholm, 1994

© de la traducción y adaptación: SILVIA ADELA KOHAN

© de esta edición: **ALBA EDITORIAL, S.L.**
Camps i Fabrés, 3-11, 4.º
08006 Barcelona

Diseño de colección y cubierta: PEPE MOLL

Primera edición: enero de 2000
Segunda edición: enero de 2001

ISBN: 84-8428-010-1
Depósito legal: B-3 332-01

Impresión: Liberdúplex, s.l.
Constitución, 19
08014 Barcelona

Impreso en España

Introducción

En nueve capítulos correspondientes a nueve etapas de trabajo, este libro presenta un método eficaz para escribir poesía. Si eres principiante, te permitirá conocer los aspectos básicos y los principales artificios. Si no lo eres, podrás ejercitar el «músculo de la escritura» y descubrir nuevas técnicas en los apartados correspondientes a cada etapa.

Es conveniente que lo utilices como instrumento de trabajo, que trabajes a partir de él según te indicamos, en lugar de leerlo simplemente.

Las etapas comprenden los siguientes apartados, diferentes entre sí e igualmente útiles, que puedes tomar en el orden que prefieras:

I. **Leer**
Exploración de la poesía clásica y moderna para captar sus técnicas.

II. **Escribir**
Experiencia práctica específica a partir de diferentes opciones. Aplicación de modelos.

III. **Organización**
Preparativos y actividades que ordenan, estructuran y facilitan la tarea.

IV. **Descanso**
Estímulos relajantes, lúdicos y complementarios del trabajo.

v. **Dominio formal**

Conocimiento de las variedades formales que más ideas aportan y mejores resultados proporcionan en la práctica.

vi. **Taller**

Guía de propuestas para escribir.

Lo ideal es desarrollar cada etapa a lo largo de un día, y dejar un intervalo aproximado de una semana entre etapa y etapa. Si no puedes dedicar un día entero a escribir –situación ideal, sin duda– intenta hacerlo en algún momento del día: resuelve un ejercicio o dos al menos.

En cualquier caso, da buenos resultados confeccionar un plan de trabajo previo a la escritura. Lo adecuado es dedicar entre 30 y 45 minutos a cada ejercicio, y hacer una interrupción para tomar un café, comer o dar un paseo. Experimenta variantes hasta descubrir tu propia manera eficaz y amena de trabajar y no dejes de utilizar el proyecto de organización incluido en cada capítulo para obtener mejores resultados.

Inicialmente, los únicos requerimientos para este curso son una pluma y una libreta (o un ordenador con procesador de textos), y colecciones de poemas. Para el apartado *Organización* se necesitan algunos objetos de escritorio, como fichas, calendarios, rotuladores, etcétera. Las áreas de lectura requieren libros de poesía, que suelen encontrarse en bibliotecas públicas, pero debes considerar también la posibilidad de comprar algunos libros como útiles puntos de referencia.

Probablemente, los primeros poemas que escribas no serán los definitivos; por lo tanto, un momento importante del proceso es la revisión y la reescritura, que aprenderás con este método.

Es aconsejable que compartas el trabajo con un grupo y que cada componente del grupo exprese su opinión sobre cada poema. Así, la evaluación será objetiva y contarás con diversas opiniones que pueden aportarte ideas. De lo contrario, si trabajas a solas, evalúa sin concesiones. Lo mejor es que lo hagas pasado un tiempo de la escritura del poema a revisar.

Pero si al empezar a trabajar en cualquiera de los ejercicios, tu imaginación o tu inspiración te incitan a abandonarlo, sigue tu instinto y escribe otra cosa, el ejercicio siempre estará allí para que lo retomes cuando fluya tu creatividad. Recuerda que la tarea de escribir poesía, aunque placentera, exige una práctica que puede ser ardua. Es sano que respetes tus limitaciones; deténte a descansar o abandona la etapa completamente cuando flaquea tu interés.

¡Feliz escritura!

Primera etapa

Leer

Cuanta más poesía leas, mejores poemas escribirás. La lectura es una forma insustituible de estimular la propia escritura. Por ejemplo, puedes escoger una revista de poesía de publicación reciente. Empieza leyendo sólo por placer, pasa las páginas y toma poemas al azar. Lee lentamente en voz alta y pregúntate si el sonido de las palabras te ayuda a comprender el poema o si, por el contrario, te distrae.

Durante un tiempo, déjate absorber únicamente por el goce de la poesía. Más tarde, puedes emprender un estudio más amplio de la revista, detenerte en cada aspecto para profundizar más, respondiendo, entre otras, a estas preguntas:

- ¿Predominan algunos temas o estilos?
- ¿Se reconoce cada poeta en un fragmento, o a través de varios poemas? ¿Te resultan familiares los nombres de los poetas?
- ¿Encuentras características que desconocías junto a nombres conocidos?
- ¿Prefieres los poemas largos o los poemas cortos?
- ¿Te intriga algún título?
- ¿Unos poemas te llaman más la atención que otros? ¿Puedes explicar por qué?

- ¿Qué fragmentos te resultan más interesantes, más logrados?
- ¿Cuáles no te gustan?
- Cierra la revista unos minutos. ¿Qué poemas permanecen más frescos en tu memoria?

Éstas son consideraciones hechas desde el punto de vista del lector. Ahora se trata de mirar cada uno de los poemas seleccionados con los ojos de un escritor. En principio, intenta averiguar qué incitó al poeta a producir ese poema en concreto y plantéate, entre otras cuestiones, las siguientes:

- ¿Consigue transmitir un mensaje o una emoción?
- ¿Su contenido es denso?, ¿concentrado?, ¿o es trivial?
- ¿Consigue el poeta una construcción más bien enérgica o sutil?
- ¿Se puede suponer que el tema estaba latiendo dentro del creador, ordenándole compulsivamente que lo plasmara sobre el papel?
- ¿O, en tu opinión, el poeta estaba jugando con la pluma y simplemente decidió apuntar unas líneas? (Por conveniencia o comodidad, empleamos siempre el término poeta, pero naturalmente nos referimos tanto a hombres como a mujeres.)

Con respecto al poema:
- ¿Algún detalle concerniente al título, la forma o el estilo del poema llama tu atención?
- ¿El uso de la metáfora y de otros recursos imaginativos es predecible o te sorprende?

• ¿Los poemas te resultan novedosos o crees haberlos leído antes?

• ¿Te resultan originales? En este caso, ¿la originalidad proviene del tratamiento que da el poeta al material o del material en sí mismo?

• ¿Contienen palabras y frases que persisten en tu memoria?

• ¿Alguna de las técnicas o dispositivos observados te sorprende (o te asusta) y a la vez te atrae?

> Toma nota de todas estas observaciones. No solamente te ayudarán a fijar en tu memoria un poema, sino que también te aportarán una reserva de materiales importante y una mayor destreza en la escritura.

Has considerado la revista como lector y como escritor. Finalmente, puedes detenerte en algún otro material editorial incluido y hacer acopio de toda la información posible sobre la revista para completar su estudio, pues también te resultará beneficioso el conocimiento general de un medio literario.

Escribir

Comienza leyendo poesía contemporánea para encontrar una melodía, captar ritmos y modelos que apuntalarán tu propia escritura. A continuación, escribe, lanzando palabras sobre la página, sin ningún tipo de limitación ni de imposición.

En esta fase, no importa qué escribas. Lo importante es permitir que las palabras fluyan, debes dejarlas salir sin preocuparte por darles forma. Escribe rápidamente, sin permitirte pensar.

Empieza con las primeras palabras que te vienen a la mente. Si nada viene, empieza con la última línea del poema que has leído. A continuación, sigue escribiendo, tanto si este dejar fluir tiene un sentido como si no lo tiene.

La única disciplina que debes imponerte es escribir cortando la frase y hacerlo en líneas separadas entre sí, dejando un espacio en blanco a la derecha o a la izquierda de cada línea, en lugar de hacerlo en un texto continuo. De este modo, cuando dejes de escribir (transcurridos aproximadamente cinco minutos), el texto resultante tendrá forma de poema y no de prosa.

Es muy probable que tus palabras no constituyan un poema. Pero habrás calentado el «músculo de la escritura», colocado tu mente en un marco en el que la poesía puede fluir.

Durante este ejercicio, es aconsejable no interrumpir la corriente de palabras hasta que no las detenga tu propia imaginación o la energía que las impulsa.

Un requisito es no releer las palabras hasta más adelante, porque mientras eludes el pensamiento consciente, es posible que tu subconsciente te proporcione una ruta valiosa a seguir.

Entonces, una vez te hayas animado a escribir, puedes continuar vertiendo palabras en el papel, pero empieza a acercarte a ellas con un poco más de disciplina, de la siguiente manera:

1. Ahora el objetivo es producir bastante material, pero con la intención de darle forma a un posible proyecto. En otras palabras, lee por encima las palabras que vas produciendo, con la intención de encontrar un modelo de versos y estrofas, y orienta tus pensamientos e ideas hacia una posible conclusión. Empieza a apreciar la necesidad de tener algo que decir y de comunicarte a través de tu poesía.

Como tema, puedes utilizar las preocupaciones que han rodeado tu vida en días recientes. Escribe sobre cualquier sentimiento o reacción que hayas experimentado o que desees compartir con otros.

2. Analiza lo que has conseguido hasta este momento y repara en todo aquello que has utilizado para realizar este ejercicio: observa de qué material está hecha tu poesía. ¿Empleas un punto de vista personal que pone de manifiesto con fuerza el tema? ¿O la idea del asunto sobre el que quieres escribir está influida por algo que has leído?

3. Cuando tu flujo de ideas empiece a menguar, o cuando sientas que tu mente vaga alejándose de la poesía, interrumpe la escritura. El resultado no será el mismo si estás fatigado o poco motivado.

Recuerda que, a estas alturas, un bajo rendimiento en la atención no indica que estás desganado ni que has perdido el deseo de escribir. Es una respuesta natural al alto nivel de concentración que requiere la escritura de un poema.

Ahora que has lanzado «el texto sin sentido», el torrente de palabras del principio de la sesión, y algún poema sin pulir, no tomes más notas. Déjalo apartado para considerarlo más tarde u otro día. Has logrado algo útil, tienes un proyecto en marcha.

Es mucho más fácil retomar un proyecto que comenzarlo desde el principio.

Organización

Dedica la mitad de una hora de trabajo a tomar notas como futuro y valioso material para un poema. Es aconsejable que lleves siempre contigo un cuaderno pequeño.

Apunta palabras o frases que encuentres a tu paso y te atraigan, tanto las que escuchas como las que asocias espontáneamente.

Acopia observaciones: anota lo que observes a tu alrededor.

Apunta cualquier símil original o metáforas que se te ocurran.

Anota tus sueños y ensueños, tus fantasías. Si al escuchar un cuento piensas en cómo ocurrió, las ideas al respecto son otros tantos aportes posibles para tu imaginación.

Pon en las palabras los sentimientos y la rabia que hay dentro de ti. Deléitate con lo positivo y haz una catarsis recordando lo negativo para transformarlo.

Registra las circunstancias que se dan en tu entorno.

Anota cualquier título potencial que se te ocurra para un poema y recuerda que un título intrigante te puede ayudar a «venderlo» o a obtener un reconocimiento en un concurso.

Toma nota de detalles minuciosamente observados en lugar de generalidades. La poesía que se enfoca mediante realidades detalladas es más fuerte que la que vaga en abstracciones.

Para tu propia conveniencia, es útil guardar todas estas observaciones en un cuaderno, en lugar de acumularlas en desordenados papeles sueltos. Puedes crearte un sistema de orden en tu cuaderno. Si tienes una mente organizada y piensas claramente en forma de inventarios, puedes destinar áreas separadas de tu libreta a tus anotaciones y ponerles título: «metáforas» «sueños», etcétera. Si te manejas bien en el caos, mezcla todas tus ideas. Aparentemente, éste es un punto de menor importancia, pero también es válido, pues para proporcionarte el máximo estímulo tus notas deben reflejar tu propia manera de funcionar.

Puede suceder que frecuentemente acudas al cuaderno y al azar cojas ideas anotadas en él, o que trabajes metódicamente con la libreta cerrada. Pero, aunque hayas trabajado cada una de tus ideas, no deseches nada. Un elemento que te condujo hacia la escritura de un poema, puede serte útil más tarde para escribir una docena de poemas.

En el otro extremo, podrías tomar nota continuamente en tu cuaderno sin aprovechar después nada de lo registrado. Aún así, llévalo siempre contigo, puede serte beneficioso. En determinado momento, puede ocurrir que no encuentres nada sobre lo que escribir, que sientas extinguido el deseo de hacerlo, y entonces tu cuaderno te puede proporcionar la solución. Aún cuando no lo consultes constantemente, las observaciones e ideas que has apuntado pueden llegar a serte necesarias en ese momento de crisis.

Descanso

Como método de relajación puedes inventar una serie de poemas personales que apunten exclusivamente a la distensión.

Para ello puedes tomar como pretexto una ocasión especial –podría ser la de un amigo o pariente que celebra algo– y escribir un poema relativo a la misma. A las personas que no escriben les encanta recibir un poema escrito especialmente para ellos, con referencias conocidas y un mensaje que sólo les concierne a ellos.

El estilo del poema depende, en este caso, de la naturaleza del suceso y de las características de la persona involucrada. Por ejemplo, se puede escribir un poema humorístico para el cumpleaños de un amigo joven y uno sentimental para el aniversario de un matrimonio mayor.

En ambos casos, te conviene emplear un tono ligero, usar una forma tradicional con algún tipo de rima apropiada para ser fácilmente recibido por el homenajeado y el público al que va dirigido. Es decir, para que el juego resulte, asegúrate de que con la versificación escogida y el modelo rítmico empleado conseguirás un buen efecto.

También un niño queda encantado si le escribimos el más simple de los poemas, tomándolo como protagonista, particularmente si se mencionan sus juguetes, sus animales domésticos o sus hermanos y hermanas. Una historia inventada especialmente para él y escrita con rima, probablemente será su favorita y, si la estructura es apropiada, el poema podrá ser memorable: el destinatario seguirá recitándolo cuando el autor ya lo haya olvidado.

Dominio formal

Ciertas limitaciones formales son un estímulo para encontrar contenidos que no nos habríamos planteado de otra manera. En este caso, se trata de un poema breve denominado «minuto», en el que están indicados de antemano el número de sílabas de cada verso y los acentos de los mismos. Consta de 60 sílabas repartidas en 12 líneas. El metro es yámbico, que consiste en una combinación de dos sílabas, la primera es átona y la segunda, acentuada.

La primera, quinta y novena líneas tienen ocho sílabas (cuatro pies) cada una. Las líneas restantes tienen cuatro sílabas (dos pies).

Las rimas se producen en coplas: las dos primeras líneas riman entre sí, la tercera con la cuarta, la quinta con la sexta, etcétera. El modelo del poema, contando el primer sonido de versificación como *a*, el segundo como *b* es así sucesivamente: *a a b b c c d d e e f f*

Otros requisitos son que debe puntuarse como prosa y utilizar mayúsculas al principio de una nueva frase. La esencia del «minuto» es que debe representar un estado momentáneo, un chispazo, o un minuto de tiempo.

Ejemplo:

Presentamos dos muestras diferentes, humorística la primera, amorosa la segunda.

1.

> *Sutil revancha larga y cruel*
> *sufrió Abel.*
> *La aguda Liz*

tentó su fin.
Con ansia plena lo buscó.
Enmudeció
al no obtener
por parte de él
cabal respuesta sensorial.
Cerró el portal
cambiólo Liz
por Benjamín.

2.

Encuentro un eco de tu voz
persigo amor
un son sutil
de un sueño añil
un horizonte sideral
ardid fatal
de la ficción.
Escribo dos
así tú y yo
bailamos rock en el Edén
me dices ven
escribo amor
alcanzo el sol.

Esta fórmula no se presta fácilmente a ideas complejas o filosóficas. Es un vehículo para expresar pensamientos intrascendentes o imágenes rebuscadas. No obstante, el desafío que provocan los versos mayormente breves, las rimas exactas, el metro controlado, hace de él un buen material para escribir también de forma sugerente.

Taller

La originalidad es el objetivo de cada poeta, algo sumamente difícil de lograr, pero que merece la pena.

Una manera de ser cien por ciento creativo en poesía
es imaginar un asunto que anteriormente no se había
pensado y explorarlo mediante un vocabulario propio. Pero, atención, si extremamos este mecanismo, lo que crea-
mos que es verdadera originalidad nos podría llevar a producir una expresión incomprensible para el resto de los
lectores y el poema fallaría como forma de comunicación.

En realidad, buscar originalidad es buscar la propia voz
más que una forma exclusiva de escritura. Precisamente,
muchos trabajan con temas ya tratados, pero intentan fil-
trar sus percepciones particulares. De este modo, el poema transmite algo. Porque un poema que no comunica no
es recomendable.

Mientras estás pensando en un tema, trata de olvidar lo
que otros dijeron sobre ese tema. Lo cual significa que
debes tratar de conectar con tu propio mundo interno,
tu forma particular de pensar, tus deseos, tus inquietu-
des, como filtro por el que harás pasar el material para
que el resultado sea realmente una expresión propia.

Es conveniente planteárselo desde la pregunta asom-
brada del niño, con simplicidad y honestidad. Es más
conveniente proponer nuevas ideas con absoluta sinceridad, que tratar de imponer pensamientos en los que no
se cree demasiado y a los que se adorna formalmente,
complicados refritos producidos a partir de pensamientos ajenos. El buen lector suele reconocer un poema

poco auténtico o construido con elementos descubiertos anteriormente.

Por ejemplo, puedes usar como punto de arranque la visión de un campo verde y asociarlo con otros elementos similares como una libreta, un vestido del mismo color, una bandera, o lo que a ti se te ocurra según tus vivencias. Pero resiste a la tentación de pensar en prados verdes ondulantes, porque es una imagen gastada, que ya utilizaron otros.

En esta etapa, debes llevar a cabo una amplia exploración de tus valoraciones individuales, de qué elementos presiden tu campo asociativo, de qué sentimientos predominan ante determinadas situaciones importantes.

Retomando el ejemplo anterior, podrías continuar asociando de la siguiente manera: el ondear del césped tiene un paralelismo con el ondear de la bandera si hay brisa; la propia bandera podría recordarte las visitas de la infancia a la costa, y aquellas banderas de papel que colocabas en los castillos de arena. Aquí te detienes. Esta imagen puede aportarte nuevas imágenes personales. Llegados a este punto, es el momento de dar un paso hacia el encuentro de lo original. Puedes tejer tu propia red de imágenes peculiares, una red completa, y, a través de esta red, conseguir la voz personal.

Emplea cierto tiempo en anotar las imágenes provenientes de tu punto de arranque, pero también las palabras, frases, símiles y metáforas que para ti se vinculen a ellas.

Cuando hayas agotado tus ideas novedosas, remóntate a los tópicos, abundantes en muchos temas, e intenta transformarlos, convertirlos en una forma nueva, en un pensamiento provocativo, que borre su característica de imagen gastada. Siguiendo con el campo, puedes reemplazar los «prados verdes» por «prados somnolientos», y producir una imagen asociada a la hora de la siesta en la casa donde pasabas los veranos en tu infancia y jugabas en el prado mientras los adultos descansaban, por ejemplo.

Reflexiona sobre el asunto acerca del cual deseas escribir hasta internarte por todos sus vericuetos y comprobar si hay un poema que clama para ser escrito. Si lo hay, escríbelo. Si no lo hay, archiva tus notas, podrás usarlas en otra fase de tu escritura.

Ejercicios

1. Piensa en una emoción experimentada recientemente. Intenta poner en las palabras tus sentimientos precisos. Asemeja la emoción a la de un animal y piensa en el vocabulario que uniría las dos.

2. Recuerda un acontecimiento de tu niñez. ¿Es una experiencia común, con la que se pueden identificar muchas personas? Toma nota de todo lo que te surja al respecto, recordando tantos detalles como sea posible.

3. Apunta seis refranes o seis tópicos. Para cada uno de ellos, piensa maneras originales de expresar la misma idea.

Segunda etapa

Leer

Lee poesía de otras épocas. Concéntrate, por ejemplo, en los sonetos de Quevedo, de Góngora o de Lope de Vega, o en la poesía de la generación del 27 o de la Guerra Civil.

Piensa el tiempo que ha pasado desde que fue escrita. Estos poemas se han convertido en clásicos: su mensaje es universal y válido en todos los tiempos. En el caso de la poesía amorosa, aunque el amante actual se expresaría en términos diferentes al de siglos atrás, las emociones y reacciones que se experimentan frente al ser amado son similares. Igualmente, se parecen los sentimientos expresados ante el horror de una guerra.

Si has escogido el poema amoroso: considera las características del siguiente soneto de Luis de Góngora, correspondiente al siglo XVII, uno de los que presenta mayor artificio formal, apto para nuestros fines. Sigue las instrucciones y responde a las preguntas formuladas a continuación, que te facilitarán la reflexión sobre este tipo de variante poética y te aportarán ideas:

Mientras por competir con tu cabello
oro bruñido al sol relumbra en vano,

mientras con menosprecio en medio el llano
mira tu blanca frente el lilio bello;

mientras a cada labio, por cogello,
siguen más ojos que al clavel temprano,
y mientras triunfa con desdén lozano
del luciente marfil tu gentil cuello;

goza cuello, cabello, labio y frente,
antes que lo que fue en tu edad dorada
oro, lilio, clavel, cristal luciente,

no sólo en plata o viola truncada
se vuelva, más tú y ello juntamente
en tierra, en humo, en polvo, en sombra, en nada.

Instrucciones:

Deja que la riqueza del lenguaje te atrape. No te preocupes por analizar las palabras que no entiendas, las alusiones o cada verso en especial. Déjate llevar únicamente por lo que las palabras te evocan.

Luego puedes detenerte en el vocabulario empleado por el poeta y tratar de encontrar el significado de cada línea, buscar las expresiones que te resulten más sugerentes e intentar escribir otro soneto tomando de éste lo que te apetezca, pero usando tu forma de expresión actual. Hazte las siguientes preguntas:

• ¿La longitud de catorce versos te parece apropiada?
• ¿Preferirías que tuviera una extensión mayor, o piensas que podría decirse lo mismo con menos palabras?

• ¿Percibes que se mantiene el equilibrio del soneto sin altibajos?

• ¿La estrofa final te sugiere algo distinto, como si fuera una compuerta que se abre hacia otros caminos?

• ¿O te ofrece una conclusión satisfactoria?

Formula tus juicios con absoluta libertad, sin sentirte intimidado por la fama del poeta. Estás leyendo como un poeta, no como un discípulo.

Si has escogido el poema de guerra podría serte útil empezar tratando de conectar con la época en que fue escrito, consultando una enciclopedia, o simplemente recordando todo lo que has visto, oído o leído sobre el período correspondiente.

Ejemplo:

Dentro del *Cancionero,* un poema de Miguel Hernández, perteneciente a su poesía de la Guerra Civil, en la que emplea el *viento* como núcleo léxico y como síntesis de la fuerza del pueblo:

> *Vientos del pueblo me llevan,*
> *vientos del pueblo me arrastran,*
> *me esparcen el corazón*
> *y me aventan la garganta.*
> *Los bueyes doblan la frente,*
> *impotentemente mansa,*
> *delante de los castigos:*
> *los leones la levantan*
> *y al mismo tiempo castigan*

con su clamorosa zarpa.
No soy de un pueblo de bueyes,
que soy de un pueblo que embargan
yacimientos de leones,
desfiladeros de águilas
y cordilleras de toros
con el orgullo en el asta.
Nunca medraron los bueyes
en los páramos de España.
¿Quién habló de echar un yugo
sobre el cuello de esta raza?
¿Quién ha puesto al huracán
jamás ni yugos ni trabas,
ni quién al rayo detuvo
prisionero en una jaula?

(...)

Cantando espero a la muerte
que hay ruiseñores que cantan
encima de los fusiles
y en medio de las batallas.

Instrucciones:

Intenta imaginar las circunstancias en las que se escribieron los poemas que estás leyendo, tanto si es éste de Hernández como otro que hayas escogido, y responde a las preguntas siguientes y/o similares.

• ¿Puedes sentir la desesperación del hombre ante la guerra, rodeado de muerte y destrucción?

• ¿Lo estás viendo a través del punto de vista de alguien en particular?

• ¿Estás viviendo la escena como si fuera contemporánea a ti o de un modo desapasionado, distanciado por el tiempo?

• ¿Cómo percibes el patriotismo en el poema de Hernández?

• ¿Puedes identificarte con la voz que se expresa, o la situación te resulta remota e irreal?

Pregúntate cómo creó el poeta los efectos ante los que estás reaccionando.

• En términos técnicos: ¿usa la rima y el metro o un modelo de verso libre para crear imágenes?

• ¿Es su uso del lenguaje lógico o caótico?

• ¿El vocabulario fluye naturalmente?

• ¿Enfoca un amplio panorama o un detalle diminuto?

• ¿Te permite formular tus propios juicios, moviliza tu pensamiento?

• ¿Mueve la emoción o la racionaliza y no te permite sentir lo que expresa? ¿Qué artificios emotivos emplea para resaltar el sentido?

Compara la poesía de este período con tu conocimiento de otros tiempos de guerra, anteriores o posteriores.

• ¿Puedes recordar otros poemas sobre la guerra? ¿A qué momento histórico corresponden?

• ¿En qué se diferencian del de Miguel Hernández?

El amor o la guerra, temas de los poemas que has analizado, son temas poéticos universales o eternos.

Cuanto más profunda sea tu comprensión de poemas del pasado, más posibilidades tendrás de crear poemas de hoy con temas actuales.

Escribir

Crea tu propio poema de amor o de guerra. Escríbelo según la forma que prefieras, imita el modelo (no el vocabulario, sino la idea principal que puedes desarrollar con tus propias palabras e imágenes o la construcción) de uno de los poemas que acabas de leer.

Recuerda que estás trabajando temas que podrían (y deberían) producir un efecto fuerte en el lector. Por ejemplo, si es alguien que está descubriendo el amor, sentirá satisfacción al ver que comprendes sus sentimientos. Lo que escribas tendrá un gran impacto en cualquier lector que haya pasado por un amor difícil o que haya vivido el desamparo o el sufrimiento de la guerra.

Es fundamental escribir con sinceridad, con autenticidad. No se trata de pasar por todas las experiencias que te sirven de tema, sino de reflexionar sobre éste y expresar la verdad tal como tú la sientes o entiendes.

La interpretación de las experiencias de otros es válida, con tal de que te esfuerces por filtrarla a través de tus propios sentimientos. Estás trabajando acerca de los dos temas más explotados en poesía: amor y guerra. Antes de empezar a escribir, busca en tu imaginación nuevas visiones sobre el que hayas escogido, con el fin de encontrar un punto de vista sorprendente u original.

Decide cuál será el enfoque más conveniente para tu poema. Podría ser un poema ambiguo, compuesto por palabras que ilustran abstracciones. O uno preciso acerca de los sentimientos de un amante que descubre que su amada le ha sido infiel. Este último tendrá seguramente un enfoque más vigoroso.

Recuerda que no es conveniente desviarte del tema específico que estás tratando y pasar a otro general en el mismo poema.

Además, a lo largo del proceso de escritura, sé especialmente consciente de las palabras y frases que utilizas, deben pertenecer a un vocabulario que resulte coherente dentro del conjunto.

> Trata de desarrollar descripciones originales, que se destaquen por su precisión.
>
> Busca dentro de ti para encontrar tus propias y más auténticas emociones y escribe lo que sientes sin dejarte influenciar por las reacciones de otras personas.

Guarda durante un período de tiempo tus poemas, antes de someterlos al juicio de una publicación. Dicho tiempo depende del poeta y del poema, pero es especialmente importante en el caso de un poema referente a un asunto emotivo.

Tus sentimientos sobre el asunto del poema en el momento que lo escribiste podrían jugarte una mala pasada y no serías capaz de distanciarte para juzgar su calidad. Por lo tanto, intenta ser lo más crítico posible antes de iniciar el análisis. Para ello, tómate más tiempo de lo normal entre la creación y la presentación. Al mismo tiempo, no olvides que todo poema pide un aire de espontaneidad. Si lo metes en un corsé demasiado rígido, resultará artificial.

> No hay ninguna regla que dicte el equilibrio entre la revisión y la escritura. Tienes que confiar en tu instinto poético y recuerda que tu instinto se desarrolla a medida que progresas en el dominio de los artificios.

Organización

Comprueba el grado de perfección que lograste al copiar los poemas escritos hasta el momento.

Una posibilidad es que hayas mecanografiado pulcramente (o pasado a ordenador) y numerado las copias de las diferentes fases de la revisión de cada poema que hayas escrito. Si éste es el caso, habrás cumplido con esta parte de tu etapa de trabajo (o día de poesía). Aprovecha el tiempo restante trabajando con la fase de escritura. Escribe un poema de amor, si has escrito ya uno de guerra, y viceversa.

Otra posibilidad es que tu trabajo no esté aún totalmente ordenado. Emplea algún tiempo en hacerlo utilizando un procesador de textos o realizando copias mecanografiadas.

Verifica en tus cuadernos, o en cualquier trozo de papel en el que hayas podido haber escrito fragmentos aislados o un poema completo, para que no se quede parte de tu obra en la papelera o en el olvido. Haz copias de la versión más lograda y no te arriesgues a perderlas.

Por supuesto, la mejor versión puede ser tanto la revisada recientemente como cualquier otra anterior.

No deseches todavía las ideas escritas a mano, pueden serte útiles cuando te distancies de su elaboración y reescritura inicial dado que contienen una imagen, una idea, una palabra tal vez, que no habías distinguido en el conjunto y que perderías al deshacerte de los borradores. Por ejemplo, en determinado momento, puedes revisarlas otra vez con el objetivo de extraer algún material apropiado para un poema diferente. O podrías darte cuenta con el tiempo de que tu «mejor» versión de un poema no funciona tan bien como suponías y remontarte a otra anterior. O simplemente, ahorrarás lamentaciones inútiles si de pronto piensas que ese material desechado podía ser valioso para ti, por el hecho de no contar ya con el mismo.

Si has hecho copias limpias, guárdalas usando algún método que te permita encontrar fácilmente el material que buscas. Puedes clasificarlos por orden cronológico de escritura. O en orden alfabético por títulos. Si usas este método, ten cuidado de anotar los títulos que puedas haber cambiado.

Una buena idea es guardar copias en papel de todos los poemas que tienes archivados en el ordenador. Pueden ocurrirte accidentes, y un disco en mal estado puede acabar con el trabajo de diez años y, evidentemente, volver a copiar unos cuantos poemas, aunque sean muchos, es preferible a perder todo rastro de ellos.

Para decidir cuál es la mejor forma de presentar un poema, ten en cuenta los siguientes puntos:

· Al hacer tus copias mecanografiadas, prepáralas en el formato normal para su posible envío a un editor.

Cuando las veas así presentadas, tendrás una idea de cómo aparecerían los poemas impresos.

• Escribe cada uno de ellos –sea cual sea su extensión– en una sola hoja formato Din-A4.

• Deja espacio suficiente para los márgenes.

• En poesía, se acostumbra utilizar la separación de un solo espacio entre líneas, mientras que para la prosa es preferible el doble espacio.

• Recuerda que el líquido corrector esconde muchos defectos de presentación, usa un corrector de buena calidad y luego puedes disimularlo haciendo fotocopias de buena calidad.

Sé preciso. Si no sabes escribir a máquina, aprende. Si lo haces mal, practica.

> Un poema presentado sin esmero lleva a suponer que el escritor no estaba lo suficientemente interesado en él como para cuidar su apariencia.

Una vez listas las copias, lee los poemas y disfrútalos. El volver a examinarlos te aportará nuevas ideas para nuevos poemas futuros. Además, puedes encontrar fallos que no habías observado antes. Y, con seguridad, la lectura de un poema propio presentado con corrección reforzará tu confianza en la escritura.

Descanso

Si escribir poesía es una necesidad para ti, debes tratar de hacerlo de la manera más auténtica y espontánea posible y de descubrir las mejores fórmulas personales para ello.

Tomarte la tarea con alegría, sin cargas, en lugar de hacerlo como un trabajo demasiado serio, suele ser beneficioso.

Puedes realizar una buena experiencia «de descanso» recurriendo a la prosa. Un tema sobre el que practicar esta variante, y que gira en torno a tus propias necesidades, es la vida y obra de poetas que te interesen. Explora estos aspectos con los siguientes fines:

• Escribe algo sobre ellos, de una manera natural.
• Escribe una historia ficticia vinculada al tema. Por ejemplo, intenta desarrollar una historia corta sobre un poeta que visita una escuela y se enfrenta con niños en su mayoría de nueve años. O un monólogo desde el punto de vista de una ama de casa aburrida que encuentra consuelo en su «doble vida» como poeta. Escribe un cuento de ficción de algo raro que haya pasado dentro de un grupo de poetas o deja que tu imaginación lleve unos personajes a un futuro en el cual la habilidad poética se valore mucho.
• Imagínate que eres un poeta del pasado y cuenta algo.
• Escribe el guión para una primera reunión entre Jane Austen y Jorge Manrique.
• Reproduce el diario de ficción que Federico García Lorca escribiría durante un período determinado de su vida.
• Reconstruye las cartas que Rosalía de Castro podría haber escrito a un amigo íntimo.

Éstas son sólo algunas ideas. Se te pueden ocurrir más con otros personajes y situaciones. Es un ejercicio aparentemente simple, pero de él se obtienen tres beneficios básicos:

• Estás escribiendo sobre poesía, tarea importante para el conocimiento de la misma. Cualquier material que puedas producir dentro de esta área debe atraerte, y los resultados serán mejores.

• Para los propósitos de este ejercicio, estás escribiendo en prosa. Practicar cualquier estilo de escritura es bueno para el manejo de otros estilos. Retomarás la poesía refrescado por esta incursión en la prosa de ficción.

• Siempre es posible que de las ideas iniciales surja algo publicable, o un texto para ser leído en público. Y un texto acabado y aceptado trae consigo un refuerzo de la confianza, que es esencial para cualquier escritor, sea cual sea su grado de experiencia.

Dominio formal

Una de las formas poéticas más utilizadas y que requieren un mayor dominio técnico es el soneto.

El soneto tiene una estructura interna bien definida, consta de catorce versos endecasílabos dispuestos en dos cuartetos que tienen la misma rima (ABBA /ABBA) y dos tercetos con rima independiente, es decir, que pueden combinarse de distintas maneras, aunque las combinaciones habituales son:

Con dos rimas:
CDC – DCD
CDC – CDC
CDD – DCC

Con tres rimas:

CDE – CDE
CDE – DCE
CDE – DEC
CDE – EDC

La rima elegida puede potenciar el sentido del verso (indicar un determinado significado en unas y otro en otras). Además, la estructura del soneto ofrece buenas posibilidades arquitectónicas. Su construcción en módulos métricos –los dos cuartetos y los dos tercetos– y las variables articulaciones entre dichos módulos, el dibujo simétrico que crea en la página, propicia el juego rítmico.

Ejemplo:

Desmayarse, atreverse, estar furioso,	A
áspero, tierno, liberal, esquivo,	B
alentado, mortal, difunto, vivo,	B
leal, traidor, cobarde y animoso.	A
No hallar fuera del bien centro y reposo,	A
mostrarse alegre, triste, humilde, altivo,	B
enojado, valiente, fugitivo,	B
satisfecho, ofendido, receloso.	A
Huir el rostro al claro desengaño,	C
beber veneno por licor suave,	C
olvidar el provecho, amar el daño.	D

> *Creer que el cielo en un infierno cabe,*   D
> *dar la vida y el alma a un desengaño,*   C
> *esto es amor, quien lo probó lo sabe.*   D
>
> LOPE DE VEGA, *Sonetos*

El modelo rítmico de Tomás Navarro Tomás[1] sólo tiene en cuenta dos pies rítmicos: el troqueo, que sería una combinación de una sílaba tónica y otra átona (ó o), y el dáctilo, serie formada por la sucesión de una sílaba tónica y dos átonas (ó o o). Sólo importan los grupos silábicos que van de una sílaba acentuada a la otra, con los que se debe configurar la cadena rítmica del verso, en función de los troqueos o los dáctilos que integren ese verso: un ritmo trocaico acumularía acentos cada dos sílabas, provocando una sensación de rapidez, de dinámica integración de los significados de unos términos en otros.

Ejemplo:

> *Es<u>par</u>ce oc<u>tu</u>bre, al <u>blan</u>do movi<u>mien</u>to*
>   ó   ó   ó   ó
> *del <u>sur</u>, las <u>ho</u>jas <u>áu</u>reas y las <u>ro</u>jas,*
>   ó   ó   ó   ó
> *y en la caída clara de sus hojas,*
> *se lleva al infinito el pensamiento.*
>
> *¡Qué noble paz en este alejamiento*
> *de todo; oh prado bello, que deshojas*
> *tus flores; oh agua, fría ya, que mojas*
> *con tu cristal estremecido el viento!*

---

[1] *Métrica española*, Ediciones Guadarrama, Madrid, 1974.

¡Encantamiento de oro! ¡Cárcel pura,
en que el cuerpo hecho alma, se enternece,
echado en el verdor de una colina!

En una decadencia de hermosura,
la vida se desnuda, y resplandece
a escelsitud de su verdad divina.

JUAN RAMÓN JIMÉNEZ, *Otoño*

ó = acentos principales

Son cuatro endecasílabos con gran tensión rítmica, coincidente con la tensión y la emoción que siente el poeta al contemplar el mundo circundante. El ritmo trocaico expresa el dinamismo de su espíritu.

El soneto es aparentemente fácil de seguir, pero dicha apariencia puede ser una trampa que te haga caer en el poema vacío de contenido o pobre en su vocabulario, entre otros problemas posibles. Aún así, si el tema de tu poema te sugiere forma de soneto, practica con varias opciones para ver cuál es la más eficaz.

Taller

Leer un poema ajeno con la obsesión de adueñarte de sus artificios no es la mejor manera de apreciarlo. Como escritor de poesía, debes conocer los dispositivos usados por otros poetas, y reconocer que su efectividad te puede resultar relativa a la hora de aplicarlos.

Para explorar cualquier poema, tanto si te gusta como si no, puedes aplicar el siguiente cuestionario. Apunta tus respuestas como conceptos novedosos y aprovechables. De este modo obtendrás una clase magistral, impartida por ti mismo. Además, si reflexionas sobre la construcción de otros poemas con rigor y sin prisa, podrás escoger alguno de sus artificios –sólo aquel que realmente te convenga– y tratar de aplicarlo al poema que estás escribiendo.

Cuestionario para analizar un poema

1. ¿Te gusta el poema? ¿Por qué o por qué no?
2. ¿Cuál es su tema principal?
3. ¿Comunica el tema con claridad?
4. ¿De qué trata?
5. ¿El tratamiento dado es apropiado para el tema?
6. ¿Está bien equilibrado el material o es demasiado o escaso?
7. ¿Qué piensas sobre el título? ¿Es memorable?
8. ¿El poema está escrito siguiendo algún modelo? ¿Cuál es? ¿Cómo emplea el modelo?
9. ¿Está el poema bien distribuido en la página?
10. ¿Están bien divididas las estrofas?
11. ¿Te parece funcional el tono del poema?
12. ¿Tiene imágenes originales?
13. ¿El vocabulario está bien seleccionado?
14. ¿Es apropiada la relación verso/idea?
15. ¿Está bien puntuado o hay que corregirlo?
16. ¿Hay rima? En este caso, ¿es regular? ¿La rima aporta algún efecto especial al poema o le quita fuerza?

17. ¿Respeta un modelo métrico? En este caso, ¿es regular? ¿Contribuye al efecto del poema o no?

18. ¿Presenta artificios poco usuales? ¿El efecto es bueno?

19. Si conoces otro trabajo del mismo poeta:

a) ¿Es tan bueno como / mejor que / peor que?

b) ¿Qué esperabas de este poeta?

c) ¿Cómo es este fragmento en relación a la obra global del poeta? ¿Suele usar esta forma, tema, etcétera?

d) ¿Te conmueve el poema?

20. ¿Cómo lo describirías?

a) ¿Es memorable?

b) ¿Las palabras empleadas se podrían usar en otro orden? ¿O no hay posibilidad de modificación?

c) ¿Comunica el poema algo peculiar, una emoción, una reflexión, del escritor al lector? (El lector puede, por supuesto, ser la misma persona.)

d) ¿Demuestra tener el poeta sentido del mundo alrededor de él, y del mundo dentro de él?

Aunque este cuestionario se ha diseñado para ser aplicado a la poesía de autores ya publicados, si lo aplicas a tu propio poema, te puede ayudar a clarificar tus sentimientos con respecto al mismo, parcial o totalmente.

Ejercicios

1. Confecciona una lista de palabras relacionadas entre sí. Agrega un «cuco» u otra palabra que no se rela-

cione con el resto. Por ejemplo, podrías escoger *llama, ascua, caliente, parpadeo, ámbar...* y *reloj.*

2. Escribe un poema en cualquier estilo, usando todas las palabras enumeradas.

3. Juega con tercetos.

4. Experimenta con longitudes. Emplea líneas diferentes, ya sea a partir de un modelo o al azar, y con todas las permutaciones que se te ocurran en el uso de la rima.

5. Aplica un modelo de estrofa que te atraiga en un poema completo.

6. Investiga la mitología y el folklore de un elemento natural: flor, animal, mineral, etcétera. Anota tus hallazgos para usarlos como una referencia pasajera o como el asunto principal de un poema.

Tercera etapa

Leer

Explora una nueva dimensión en poesía leyendo algo de un autor extranjero.

1. Puede haberse escrito en tu lengua, pero en un país diferente al tuyo. Si es así, ¿en qué difiere de un poema que trate un asunto similar en tu tierra? ¿Encuentras posibles repeticiones en el tema o es un material rico e inesperado? ¿El vocabulario empleado es sencillo o es más difícil de lo que esperabas?

¿Predomina una forma particular? ¿Responde la mayoría de estos poemas a un modelo estricto o predomina el verso libre? ¿Descubres alguna forma nueva para ti?

En cualquier caso, es difícil sacar conclusiones generales. Por lo tanto, lee todo lo que puedas para apreciar la poesía del país seleccionado.

2. El poema escogido puede haberse escrito en otro idioma, diferente al propio. Si puedes leerlo en su idioma original mucho mejor. Vale la pena tener algún conocimiento del idioma, aunque no lo domines del todo. Podrás captar la esencia de la escritura, e incluso, si lo lees en voz alta, podrás apreciar sus cadencias, y el sonido que lo crea.

Si no lo entiendes en absoluto, disfruta de su traducción. Hazte las preguntas sugeridas anteriormente y analiza la subjetividad del trabajo del traductor.

¿La traducción es fluida o altisonante? ¿El vocabulario es preciso? ¿Se ha captado la modalidad esencial del idioma correspondiente? ¿Ha manejado el traductor dispositivos poéticos, como la rima, la aliteración, los juegos de palabras o el metro?

A ser posible, lee traducciones de poesía escogida por dos o más personas diferentes. ¿Qué te llama más la atención? ¿Dónde divergen las traducciones?

¿En la primera lectura fuiste consciente del trabajo de traducción o te olvidaste del poeta y del idioma en que creó el poema?

Compara, si puedes, un poema escogido con otro de tema similar escrito por un poeta en su propio idioma. ¿Se revela alguna visión interesante?

Al final del período de lectura, pregúntate si has aprendido algo nuevo y, si la respuesta es afirmativa, reflexiona sobre qué elemento de los que acabas de descubrir podrás aplicar cuando te pongas a escribir.

Escribir

Si tienes algún conocimiento de un idioma extranjero, ¿por qué no pruebas a hacer una traducción?

Generalmente, esta práctica resulta ser un juego ameno, una fuente de conocimientos y una buena lección sobre la arquitectura de un poema, pues te obliga a considerar distintas formas de redacción, es decir, te obliga a reflexionar sobre el tema y te habitúa a probar formas alternativas en lugar de plasmar sobre el papel la primera idea que se te ocurra.

Es divertido traducir un poema y comparar los resultados con una traducción profesional del mismo. Si lo haces, observa las dos versiones cuidadosamente, no sólo para verificar errores, sino para comprobar los mecanismos empleados en cada versión; fíjate especialmente en el lenguaje y en los modismos de cada caso en particular.

Por otra parte, considera el poema originario como material proveniente de un mundo diferente; por lo tanto, puedes retomar y transformar las ideas, las situaciones, las observaciones que más te atraigan, como motor para escribir un poema.

Otra fuente de donde puedes tomar ideas son las noticias. En este caso, verifica cualquier detalle que pienses citar. Cuando se incorporan datos reales, la inexactitud provoca incertidumbre en el lector.

Si presenta una información equivocada, el poema pierde credibilidad.

Sin embargo, la escritura informativa o explicativa implica riesgos en sus resultados. Por ejemplo, si escribimos sobre viajes y el poema consiste en describir un lugar a modo de guía, no ofrece mucho interés poético. Tal vez, podría resultar atractivo para quien conoce la zona, porque más que leer revive lo conocido, pero no para el lector en general.

De todos modos, ten en cuenta que, si decides escribir un poema descriptivo, es más conveniente resaltar ciertos detalles que desarrollar la impresión global del material descrito.

En este tipo de poemas, recuerda que es imprescindible la utilización de un vocabulario preciso. Además, huye de los tópicos, de las palabras gastadas por el uso y abuso: bonito, espectacular, maravilloso. Intenta encontrar adjetivos novedosos, inesperados, que desafíen al lector.

> Evita dar una lección de geografía al lector. Insinúa, sugiere, algunas puntas para que sea mínimamente comprensible el mensaje; pero permite que el propio lector complete la escena, si conoce el sitio o, si lo desconoce, que disfrute usando su imaginación.

Organización

Te resultará útil organizar tus poemas por categorías. Un buen archivo te puede ayudar a encontrar el que necesitas en un momento determinado, a presentarlos a un concurso, a revisarlos o a retomarlos en otras ocasiones.

El modo de confeccionar el archivo es personal, pero en cualquier caso tiene una ventaja añadida: durante el proceso, estás meditando sobre los poemas producidos.

Puedes agrupar el material por áreas o asuntos particulares, de este modo, de un solo vistazo captarás ciertos mecanismos empleados, como los diferentes enfoques para tratar un mismo tema o el tipo de vocabulario que predomina.

Por ejemplo, si tienes varios trabajos relacionados con juegos de palabras, te puede ser útil guardarlos bajo el nombre del juego: «poesía silábica», «palabras sin la vocal *o*, etcétera, en áreas separadas.

Un sistema de organización más complejo es agruparlos según la apreciación que tú otorgues a cada poema: «excelentes», «buenos», «regulares», etcétera. De este modo, los mejores pueden ser enviados a concursos o revistas y los otros ser retrabajados más adelante.

Otra categoría puede ser: «poemas para todo público», «poemas para mí mismo», «poemas para mostrar a los amigos», etcétera.

Este método puede servir tanto para los poemas completos como para los incompletos o los fragmentos.

El poeta principiante suele creer que los poemas incompletos no merecen ninguna atención y los elimina. Sin embargo, su lectura ayuda a controlar el rendimiento general.

Una advertencia: guarda copias de tus mejores poemas en diferentes sitios para evitar pérdidas irreparables.

> En conclusión, inventa el sistema de categorías que te sea más útil para organizar tu producción. Haciéndolo, ahorrarás tiempo y podrás tener una visión más completa de tu trabajo.

Descanso

Una de las facetas más divertidas de la poesía es el placer de manipular el lenguaje. Jugar con las palabras e investigar maneras de formular un mensaje son mecanismos básicos en este sentido.

Toma como juego una de las formas más breves y más potentes de escritura, el eslogan. Los anunciantes conocen el poder de una frase memorable, rápida, cuya función es ser sinónimo de un producto.

Entre algunos ejercicios típicos, responde a preguntas fáciles e identifica las diferencias entre dos elementos casi idénticos, enumera las razones por las cuales has seleccionado el producto, haz una lista de sus rasgos más importantes.

A la hora de resolver cualquiera de ellos, te conviene tratar de aplicar dispositivos poéticos para conseguir un eslogan más original y un juego más divertido y útil. No olvides que estás practicando una de las fórmulas que conducen por alguna vía al poema.

En consecuencia, ¿encuentras posibilidades de usar rima, una aliteración o un juego de palabras?, ¿puedes inventar un trabalenguas o usar una expresión muy sintética (como un chiste) centrados en el producto?

Uses la técnica que uses, intenta respetar las normas que te impongas o que se impongan, si son varios los que juegan y compiten. Es decir, si las reglas del juego indican que el eslogan debe tener un máximo de quince palabras, la resolución más inteligente no será tenida en cuenta como tal si contiene dieciséis.

Una fórmula válida es completar una frase del modo más ingenioso o funcional.

Ejemplo:

Si el eslogan se refiere al aceite de oliva, se pueden completar frases como las siguientes:

Yo distingo el aceite de oliva Andaluza porque...

o

El aceite de oliva Andaluza es apreciado porque...

o

Más amantes de lo auténtico aman el aceite Andaluza porque...

Cada frase parece estar buscando una idea ligeramente diferente, siempre alabando el producto.

En cuanto a las palabras que las componen, como poeta deberías tener el hábito de analizar cada palabra y cada artificio empleado.

Así, en el primer ejemplo, notarás el uso del *yo* indicativo de la primera persona, que implica un comentario personal. La palabra *distingo* hace pensar en un rasgo de superioridad.

El segundo ejemplo no se refiere a una persona, se concentra en el producto. La aliteración está establecida en *aceite Andaluza* (a-a), a la que se añade la palabra *apreciado*. La aliteración podría inducir al lector a concluir la frase incluyendo nuevas palabras de alabanza que empiecen por *a* para destacar la calidad del aceite.

El tercer ejemplo resalta la aliteración y la repetición. Se introducen elementos subjetivos, y la presencia de *amor* y *amantes* establecen un punto de vista romántico. Las sugerencias de unión compartiendo el aceite en una comida, matrimonio de sabor, parejas, etcétera, podrían resultar apropiados.

Un juego como el anterior es tal vez una variante más estimulante que otra práctica, necesaria por cierto, como apuntar las primeras palabras que se te ocurren. Lo importante es que descubras algo diferente, y que te sirva en algún momento como dispositivo a aplicar.

> ¿Sus ventajas? Inventar eslóganes te permite principalmente enfocar la atención sobre una frase muy breve, expresar una idea mediante una frase contundente y crear una atmósfera incitante.

Dominio formal

Entre las formas estróficas (la estrofa es un grupo de versos que responden a un determinado orden dependiente de la correspondencia de las rimas), algunas de las formas más breves, más utilizadas por los poetas, son:

- el pareado, consta de dos versos que riman y tienen el mismo número de sílabas;
- el terceto, tres versos de arte mayor en que riman el primero y el tercer verso;
- la cuarteta, cuatro versos octosílabos que riman abab.

Da buenos resultados combinarlas entre sí y con las variaciones que se desee. En este caso, puedes usar el número de estrofas que prefieras para tu poema.

Antonio Machado hace uso de la cuarteta según estas condiciones básicas, pero también practica ricas transgresiones que puedes tomar como modelo.

Ejemplo:

El siguiente poema se compone de un pareado (aa) seguido de dos cuartetas que riman abba:

I

Nunca perseguí la gloria
ni dejar en la memoria
de los hombres mi canción;
yo amo los mundos sutiles,
ingrávidos y gentiles
como pompas de jabón.
Me gusta verlos pintarse
de sol y grana, volar
bajo el cielo azul, temblar
súbitamente y quebrarse.

En la siguiente estrofa transgrede el ritmo de la cuarteta
y usa el abab:

XXI

Ayer soñé que veía
a Dios y que a Dios hablaba;
y soñé que Dios me oía...
Después soñé que soñaba.

Y, por último, usa una especie de pareados, de los que
transgrede el ritmo, antes y después de cada cuarteta,
y usa el ritmo abab en la primera y abcb en la segunda:

XXIX

Caminante, son tus huellas
el camino, y nada más;
caminante, no hay camino,
se hace camino al andar.
Al andar se hace camino,
y al volver la vista atrás

se ve la senda que nunca
se ha de volver a pisar.
Caminante, no hay camino,
sino estelas en la mar.

ANTONIO MACHADO, *Proverbios y cantares*

Taller

Durante el proceso de reescritura, concéntrate en el valor de la eliminación.

Aunque te disguste eliminar una sola de las palabras que componen el poema, sólo conseguirás un buen poema si suprimes todo aquello que no es esencial.

Pero, atención, recuerda que no es aconsejable corregir un poema en cuanto lo acabas de escribir; en esta fase, es difícil ser crítico y poder evaluarlo con la distancia y la efectividad requeridas. Cuando decidas corregir, debes retomar y revisar poemas hallas escrito hace tiempo.

Para llevar a cabo esta tarea empieza con los cortes más evidentes.

· Deténte en el inicio:
Pregúntate si el poema empieza con contundencia o divaga alrededor del asunto y el impacto que estaría bien al principio se produce bastantes líneas después. En un caso así, en primer lugar, se corta, cualquier relleno sobrante puede quitarse. En segundo lugar, se puede variar el orden de los versos y reescribir; si el

material extraído contiene una idea o una frase esencial para la comprensión del poema, se puede reintegrar en otra parte del mismo.

· Detente en el final:
¿Lo has finalizado cuándo el mensaje estaba completo?
¿O hay una información adicional o una explicación que cierra el poema?

No necesitas explicar. El lector es quien proporciona la comprensión, quien completa el poema.

· Lee el poema en su totalidad y verifica el material que contiene:
¿Es pertinente el tipo de construcción empleado? ¿Se percibe claramente la atmósfera creada? ¿Has divagado desviándote del asunto o has llegado a la esencia del mismo a medida que avanza el poema? ¿Has usado ejemplos o detalles amenos, o aburridos? Elimina todo lo insustancial.

Después de ejecutar los «cortes gruesos», según la guía anterior, trabaja con las «rodajas finas».

Examina cada línea de tu poema, y cada palabra de cada verso, subrayando lo que consideres superfluo. Lee el poema en voz alta, omitiendo las secciones subrayadas para escuchar el nuevo efecto y hazte las siguientes preguntas: ¿Tiene el poema un sentido completo? ¿Resulta «redondo» a partir de esta última revisión? Si las respuestas son afirmativas, has comprobado que debes eliminar lo subrayado.

A continuación, si el resultado no te convence del

todo, realiza algunas pruebas: reintegra uno de los pasajes marcados, luego alguno más, y así hasta quedar satisfecho. Las sucesivas relecturas te dirán dónde está el punto de equilibrio, qué debes eliminar, qué debes dejar y si hay algo que añadir.

Si estás inseguro sobre el efecto de los cortes, puedes contrastar tu opinión con otra persona o compararlo con un poema publicado: pregúntate dónde se podría cortar, y si una vez realizado el corte, el resultado es igual, mejor o peor.

En todo momento debes tener muy claro qué operaciones has practicado, así realizarás un buen aprendizaje y te encontrarás con diferentes efectos disponibles.

> Uno de los mayores peligros a la hora de cortar es que puedes excederte. En cada fase del proceso debes comparar el poema corregido con el inicial y asegurarte de que no has cortado material esencial o complicado el mensaje. Para evitarlo, guarda todas las versiones del poema; no las tires a medida que trabajas la siguiente.

Ejercicios

1. Escribe un poema sobre un deporte o actividad lúdica, y su efecto en los participantes y/o espectadores.

2. Escribe un poema inventario. Escoge algo y haz una lista (el contenido de una cesta de picnic, objetos de color verde, recuerdos de la escuela).

Puedes construir el poema respetando la lista o añadir algún tipo de comentarios que explicará las asociaciones, para beneficio del lector.

3. Escribe un poema fuera de tiempo, en cualquier forma. La idea es crear un movimiento a través del tiempo, que puede ser ilógico o inexplicable. El cambio del tiempo debe integrar una parte del poema.

Cuarta etapa

Leer

Para esta etapa de lectura, consigue un ejemplar de una colección de poemas ganadores de un concurso. Estas colecciones raramente están disponibles en librerías o bibliotecas. Normalmente, tienes que pedirlas directamente a la persona o entidad organizadora del mismo. Investiga si se ha publicado algún libro sobre el certamen y procura conseguirlo.

Como alternativa, estudia las revistas que presentan concursos (por ejemplo, *Escribir y Publicar*) en las que los poemas premiados –ganador y finalistas– aparecen publicados.

Para hacer un estudio apropiado de estos textos, necesitas asumir el papel de juez. No sólo te preguntes por qué un poema es bueno, pregúntate qué lo hace mejor que los finalistas. Compara y contrástalos. ¿Los habrías puesto en el mismo orden? Si no, ¿por qué no?

¿Cuál es el mejor para ti? Verifica tu opción durante una semana, señalando tanto cuanto puedas de todos los poemas.

Es posible que te sorprendas al descubrir cuál permanece fijado en tu mente.

Puedes analizar cada poema, empezando por el ganador, según las consideraciones siguientes que aportarán elementos para tu reflexión:

- ¿Cuál es el tema del poema?
- ¿A través de qué subtemas o motivos temáticos se desarrolla?
- ¿Presenta una idea original, o retoma un asunto que te resulta familiar?
- Aunque no conozcas al autor, ¿qué suposiciones haces sobre el proceso de pensamiento que acompañó la concepción del poema?
- ¿Aparenta ser una idea proveniente de un momento de inspiración, lanzada en pocos segundos?
- ¿Se evidencia el truco de su gestación?
- ¿Tiene un sentido académico? ¿sugiere que su autor empleó mucho tiempo revisando libros y temas antes de poner la pluma sobre el papel?
- ¿El sonido te parece armónico?
- ¿Fluye?
- ¿Los efectos empleados son legítimos, responden a la materia desarrollada?
- ¿El primer verso insinúa realmente el inicio de la idea?
- ¿Los descansos entre estrofas son los mismos que tú habrías escogido? ¿Por qué sí? ¿Por qué no?
- ¿Los versos presentan igual longitud o es variable? En cualquier caso, ¿resulta beneficioso para el contenido o no?
- ¿Usa la rima, el ritmo y el metro eficazmente?
- ¿Te atrae el vocabulario?
- ¿Emplea los artificios literarios con sutileza o parecen forzados?
- En cuanto a su distribución en el espacio, ¿es funcional? ¿Lo hubieras distribuido en la página de otra manera? ¿Cómo?

A menos que tengas la oportunidad de hablar con el poeta, nunca sabrás cómo fue construido el poema. Esto no es importante. Has reflexionado sobre el proceso de la iniciación del poema, y lo que vale es tu proceso, aunque no coincida con el real.

Al mismo tiempo, ten en cuenta que el conjunto de poemas es una lista seleccionada por un jurado o por un editor. Es lo mejor elegido entre muchos, seleccionado por un jurado que persigue la calidad. Aunque su opinión subjetiva puede haber tenido peso, se supone que se compone de lectores consumados y la calidad del poema debe ser inequívoca.

Repite este mismo estudio con otro poema premiado. Y después, decide tú mismo el orden posible en el que colocarías estos poemas.

¿Se han enriquecido tus ideas gracias al proceso de análisis que has realizado? En caso afirmativo, ¿por qué?

Escribir

Puedes empezar a escribir basándote en una fórmula similar a la del poema premiado, pero este sistema no te garantiza los resultados.

Mientras tanto, supongamos que tienes las cartas a tu favor. Si la inspiración llega, respeta tu instinto y escribe exactamente todo aquello que se agolpa en tu mente, sin el esfuerzo consciente de tu cerebro. Si se presenta esta afortunada circunstancia, no esperes, no dejes la escritura para más tarde, abandona lo que estés haciendo y toma nota de todo.

Para los propósitos del ejercicio, debemos suponer

que en este momento la inspiración no llega. Porque si hubiera llegado, tal vez ahora estarías escribiendo en lugar de estar leyendo este apartado.

Da rienda suelta a tu imaginación

· Explora el campo de tus ideas. Es necesario tener algo que decir antes de empezar.

· Ignora todo aquello que te distraiga de tu objetivo principal. Intenta ver el mundo que te rodea desde el punto de vista de un ser diferente: tu gato, tu perro, o tu pajarito. Es decir, olvídate del análisis lógico del hombre.

· No te des por satisfecho con las cosas que ves y sabes. Hazte la pregunta más útil del escritor – «¿Y si...?»– y responde con las respuestas más insólitas que encuentres. Después de unas cuantas respuestas, no añadas otras: repite las mismas preguntas y busca nuevas respuestas, más raras todavía. Cuando hayas alcanzado los reinos de lo ridículo (o de lo sublime) habrás conseguido ideas originales.

Elabora el poema

Ya tienes las ideas originales, ahora construye el poema. Para ello, una vez escrito, piensa en el jurado estudiando el poema en el que estás trabajando. Cuando consideres que está terminado, guárdalo y déjalo descansar. Retómalo otro día y entonces haz una revisión rigurosa.

Examina con lupa cada palabra y cada verso. No dejes pasar una sílaba sin el escrutinio adecuado. Piensa que un jurado estaría encantado de encontrar el fallo más diminuto.

Verifica la gramática y la puntuación tan estrictamente como el vocabulario.

Asegúrate de que la rima o la sintaxis no desvíen el sentido.

Verifica el ritmo y el metro.

Controla la cantidad de material empleado y que el desarrollo sea equilibrado. Verifica el metro y la variedad del material según la longitud del poema. En este sentido, puedes preguntarte lo siguiente:

¿Dice algo y lo completa?

¿O acaba antes de que acabe la idea?

¿Te parece demasiado breve para comunicar tu idea?

Observa si acaba bruscamente o si al final has añadido comentarios innecesarios, si te parece corto o largo para comunicar tu idea.

> Un poema debe tener un sentido completo, aunque el final esté sugerido y no se explicite. Para ello, no es necesario añadir comentarios extras e innecesarios.

En suma, imagina que luchas por conseguir un lugar en el concurso.

Pero, cumplido este proyecto, descansa, ¡ésta es una actividad gratificante, no un ejercicio de masoquismo!

Organización

Un objetivo que te puede reportar otros beneficios es enviar algunos de tus trabajos a diferentes publicaciones. En principio, es conveniente hacerlo a revistas de pequeña envergadura (de pequeña tirada, no de mala calidad).

Para poder publicar no es necesario que seas un poeta famoso o un suscriptor de la revista. Elige una buena revista y envía tus trabajos con regularidad.

Una de las ventajas es que normalmente presentan poemas de poetas consagrados junto a los de otros menos conocidos o desconocidos por completo.

Otra, es que tu trabajo será leído por especialistas, lo cual te resultará estimulante.

La tercera es que este tipo de publicaciones suele constituir un buen baremo para medir la calidad de tus poemas. Si te acostumbras a enviarlos con regularidad, analiza los poemas aceptados o rechazados para comprobar si estás mejorando o si deberías trabajar más ciertos aspectos, realizar más revisiones o hacerlo con más rigor, etcétera.

Prepara tus copias tal como sugerimos en la segunda etapa y usa papel Din-A4 para cada poema, uno por folio, mecanografiado a un solo espacio y no olvides poner al pie tu nombre y dirección en cada hoja, por si se extraviara el sobre con los datos.

Existen revistas de distinto tipo, más o menos apropiadas para enviar poemas de una u otra clase, tanto temática como estilística. Agrúpalos en un promedio de seis, y selecciona el lugar de la posible publicación para cada grupo. Envíalos con un informe, una carta de presentación, y un sobre franqueado para su retorno.

Es probable que recibas contestación después de algunas semanas o meses. En otras revistas, no lo comunican, y los publican directamente. Apunta qué poemas han sido aceptados y cuáles rechazados, así evitarás el bochorno de enviar los aceptados a otro medio, o los rechazados al mismo lugar.

En cuanto a los poemas que te han rechazado, pero en

los que todavía confías, debes reagruparlos y encontrarles una nueva salida. Es decir, comenzar el proceso otra vez.

Por último, puedes efectuar la selección de los poemas con el fin de enviarlos a un editor independiente. Será una buena meta para acabar trabajos y te dará la confianza que necesitas para pensar en la publicación.

Descanso

Un buen método de relajación y divertimiento es escribir una parodia. Toma una poesía que conozcas bien y escribe una nueva versión cómica o satírica de la misma, siguiendo el modelo original, pero a partir de una idea tuya y usando tus propias palabras. El mecanismo consiste en repetir el modelo y estilo del original, y algo del vocabulario. Su versión tiene significado para las personas que conocen el original, de ahí la importancia de escoger un poema fácilmente reconocible.

Puedes también hacer una parodia de un poema trágico de un poeta desconocido y conseguir un efecto divertido al mantener el tono trágico, pero incluyendo un contenido pueril. En este caso, no es imprescindible que el lector conozca el poema parodiado.

Las rimas de Bécquer son un tipo de poema apto para ser parodiado.

Ejemplo:

Tomamos la rima XXIV, que pertenece a *Rimas y leyendas,* de estructura paralelística, en la que las correspondencias se dan entre los primeros versos de cada estrofa:

*Dos rojas lenguas de fuego
que a un mismo tronco enlazadas
se aproximan, y al besarse
forman una sola llama.*

*Dos notas que del laúd
a un tiempo la mano arranca,
y en el espacio se encuentran
y armoniosas se abrazan.*

La versión parodiada:

*Dos monjas con sumo celo
que a un mismo juego jugaban
se atemorizan y saltan
desde el balcón a una zanja.*

*Dos monjas que del baúl
no habían robado nada,
parecieron ser culpables
y los del pueblo se espantan.*

Al mismo tiempo, la parodia representa una manera más de explorar el lenguaje.

La ventaja es que, además de tomar ciertas palabras del poema parodiado como propias, puedes experimentar e incorporar muchos de los artificios que presentan los poemas seleccionados. Debido a la familiaridad que se establece con el original, este método te evita la tarea de empezar contando sílabas o verificando esquemas. La melodía del poema queda fijada en tu mente y, con seguridad, apenas tendrás dudas sobre si tu versión encaja con la melodía del original.

Siguiendo estrechamente los pasos de otro poeta, estás asimilando aspectos de un estilo diferente. Por lo tanto, el ejercicio divertido de la parodia se convierte en un desafío del que extraerás conocimientos sobre el funcionamiento del idioma.

Dominio formal

El poema satírico permite comunicar un mensaje contundente, denunciar una realidad injusta, desenmascarar los males de la sociedad y de la condición humana, o ironizar sobre un tema dificultoso de plantear, como podría ser la política. Crea la polémica a partir de un enfoque humorístico.

Sus mecanismos habituales son la reiteración de una idea contenida en un verso y el contraste como operación productiva de la sátira y la ironía.

Ejemplos:

1. El planteamiento personal.

En el siguiente poema, *Bajo tolerancia,* de José Agustín Goytisolo, el mecanismo consiste en alternar una serie de versos iniciados con verbos declarativos en primera persona (quiero, soy, me gusta, aburro, me encantan, duermo, deseo, etcétera) con otros iniciados con conjunciones causales o concesivas (porque, aunque, pero, porque) para reforzar la contradicción expresada en el contenido:

Quiero decirlo ahora
porque si no después las cosas se complican.

Soy peor todavía de lo que muchos creen.

Me gusta justamente el plato que otro come
aburro una tras otra mis camisas
me encantan los entierros y odio los recitales
duermo como una bestia
deseo que los muebles estén más de mil años en el
  mismo lugar
y aunque a escondidas uso tu cepillo de dientes
no quiero que te peines con mi peine
soy fuerte como un roble
pero me ando muriendo a cada rato
comprendo las cuestiones más difíciles
y no sé resolver lo que en verdad me importa.

Así puedo seguir hasta morirme:
ya ves soy lo que llaman
el clásico maníaco depresivo.

Te explico estas cuestiones
porque si todo vuelve a comenzar
no me hagas mucho caso acuérdate.

2. El reclamo social.

En el siguiente poema-canción original de Miquel Martí i Pol, en la versión que canta el grupo Veneno, *No pido mucho*, se repite la frase: «O bien, si parece demasiado», que hila a la vez los versos restantes, y se plantea el contraste entre esta declaración y lo que se pide que, en

realidad, es importante para vivir mejor, aunque además
se trabaja con la inversión, una variante de la oposición,
se invierte el sentido de elementos de un verso en otro:

> *No pido mucho:*
> *poder hablar sin cambiar la voz;*
> *caminar sin muletas;*
> *hacer el amor sin tener que pedir permiso;*
> *escribir en un papel sin rayas.*
> *O bien, si parece demasiado:*
> *escribir sin tener que cambiar la voz;*
> *caminar sin rayas;*
> *hablar sin que haya que pedir permiso;*
> *hacer el amor sin muletas.*
> *O bien si parece demasiado:*
> *hacer el amor sin que haya que cambiar la voz;*
> *escribir sin muletas;*
> *caminar sin que haya que pedir permiso;*
> *hablar sin rayas.*
> *O bien, si parece demasiado...*

Esta fórmula es un buen vehículo para la poesía narrativa,
estimula la versatilidad de las ideas.

Puedes experimentar la ironía y la denuncia escribiendo
poemas satíricos según estos mecanismos o, también, con
el mismo fin, poemas que expresen dos puntos de vista,
incorporando un diálogo fijo y asignando estrofas alter-
nadas a cada uno de los dos personajes.

Taller

Revisa un poema escrito como mínimo una semana atrás.
La revisión implica realizar tantas lecturas y cambios como
sea necesario, aunque puede resultar menos tediosa de lo
que parece si cuentas con un plan que te oriente en la maraña.

Empieza leyéndolo despacio. Pregúntate qué está dicién-
dote o intentando decirte el conjunto. ¿Puedes recordar lo
que deseabas expresar cuando lo escribías? ¿Es el mismo
mensaje? ¿La lectura te transmite aquello que deseabas
decir o algo más?

Puede ocurrir que el poema esté comunicando su
mensaje con claridad. En este caso, el resultado es positivo, lo cual no significa que debes obviar el resto del proceso de revisión, sino que puedes considerar logrado el
efecto global pretendido.

Sin embargo, no te alarmes si se ha perdido la intención originaria o si parece que tu poema no transmite el mensaje. Aclara en tu mente las ideas que rodearon
su concepción y pregúntate si, a pesar de todo, dice algo
interesante. Si es así, has cumplido con la tarea de desa-
fiar tus propios objetivos y comunicar, aunque no res-
ponda a aquello que originariamente deseabas.

El problema se presenta si descubres que el poema
tiene poco que decir o lo que dice no lo dice bien. Entonces tendrás que hacer una cuidadosa revisión antes de
darlo por finalizado.

Lee el poema en voz alta. Encuentra la diferencia entre
esta lectura y la que hiciste en silencio. No pienses tanto
en el mensaje como en el medio a través del que se «realiza» el poema. Escucha la armonía del sonido, el flujo del
lenguaje, el ritmo inherente a la verdadera poesía.

Escucha y subraya cualquier verso, frase, palabra o sílaba que no armonicen con el resto del poema. Comprueba si están bien empleados los dispositivos clásicos, como la rima y los efectos rítmicos. Si algún aspecto del poema no te gusta, subráyalo para corregirlo más adelante. La revisión te resultará más fácil si cuentas con las marcas previas de lo que no funciona.

Una vez estés satisfecho con el trabajo, guárdalo por un tiempo y vuelve a mirarlo más adelante desde el principio. Realiza nuevamente los cambios necesarios, sopesando muy bien el vocabulario.

El proceso de la revisión debe ser practicado una y otra vez hasta que alcances una fase en la que consideres que tu poema es bueno y ya no se puede mejorar.

Si lo abandonas antes de alcanzar esta fase, no te sentirás satisfecho nunca, pero si te aseguras de que lo has revisado hasta considerarlo inmejorable, la tarea te resultará cada vez menos ardua y más placentera.

Ejercicios

1. Lee los primeros diez poemas seleccionados en una revista de poesía e imagina que tú eres el jurado que selecciona y decide. Coloca los poemas en el orden que te apetezca y justifica tus preferencias.

2. Escribe un poema breve en el que la rima dependa de un juego de palabras que conduzca al mensaje.

3. Escribe un poema narrativo que desarrolle una historia.

Quinta etapa

Leer

Explora alguna poesía metafísica, la poesía de la metáfora practicada por los escritores de principios del siglo XVII, que expresaron significados sintetizados en imágenes. Incluían imágenes de la vida diaria de los poetas y también del arte, la cultura, la ciencia, los descubrimientos y la filosofía de su tiempo.

Dichas imágenes y las presuntas complejidades de estos poemas, combinadas con el estilo dramático, han dado lugar a una escuela poética de tono vibrante y a la vez difícil. Por lo tanto, es posible que al leer los poemas pertenecientes a la misma, se emplee más tiempo intentando descifrarlos, intentando comprender los matices de significado, que disfrutando realmente de la lectura.

Quizá, la visión más útil que estos trabajos ofrecen al poeta de hoy es un amplio conocimiento del tiempo en que fueron escritos. La poesía metafísica hace permanentes alusiones a los descubrimientos científicos y a las actividades o destrezas de la época, destaca y exalta el pensamiento de sus contemporáneos.

Reflexiona sobre este aspecto. Todo poema está inscrito en su tiempo, en forma explícita o implícita. En consecuencia, reconocer las aportaciones de los poetas del pasado, te permitirá tomar conciencia de que tu propia escritura es producto de tu momento histórico. Estás configurando la historia literaria con los poemas que escribes aquí y ahora. Por eso, es importante escribir con el estilo y las formas actuales. Aunque está bien hacer uso de las formas del pasado, ya que son los vehículos perfectos para configurar determinados mensajes, recuerda que el uso de un lenguaje antiguo, convertirá tu poema en anacrónico e incluso corres el riesgo de que no se acabe de entender.

Precisamente, emplear referencias y voces actuales provoca sensación de modernidad. En este aspecto, la poesía metafísica ha resultado poco atractiva, debido a que fue escrita por poetas eruditos para quienes la oscuridad, el hermetismo, parecía ser la causa que perseguían. Para entenderlos, un lector tenía que saber analizarlos culturalmente, a partir de referencias difíciles de todo tipo. Implicarse en la lectura era tener una equivalencia intelectual con el escritor; por lo tanto, esta clase de poesía era el premio para una elite, no el derecho de cada hombre y cada mujer. Esta actitud alienante prevaleció mucho tiempo después de que la poesía metafísica dejara de tener partidarios. Esta posición es arriesgada en cualquier período histórico y va en contra del hecho poético en sí mismo.

Escribir

Existen algunas poesías en las que el metro y la rima son menos importantes que el modelo particular de sílabas que componen cada verso. Hay muchas formas de escri-

bir un poema según un determinado número de sílabas.
Familiarizarte con estas formas e inventar tu propio modelo silábico puede resultarte muy estimulante.

Apunta palabras variadas y cuenta sus sílabas para
incluirlas en combinaciones silábicas diferentes (es decir,
todos los versos con un número determinado de sílabas
o cada verso con un número diferente y específico de
sílabas). Prueba hasta encontrar la fórmula más conveniente y conseguir imágenes novedosas.

Las palabras podrían ser:

sala (dos sílabas)

estrella (tres sílabas)

trepidante (cuatro sílabas)

Un verso resultante sería:

sala y estrella (cinco sílabas)

Otro:

trepidante sala (seis sílabas)

Modelo 1

La manera más simple de practicar esta fórmula es construir cada verso con el mismo número de sílabas, en un
poema cuya longitud total sea la que tú prefieras.

Ejemplo:

> *En tus ojos*
> *amarillos*
> *amanece*
> *cuando en el mar*
> *las gaviotas*
> *y las olas*

> *unas líneas*
> *amarillas*
> *juntas tienden.*

El único elemento que indica armonía en esta construcción es el cómputo de cuatro sílabas por línea.

Modelo 2

Veamos ahora un poema constituido por las mismas palabras que el anterior, pero distribuidas de modo diferente.

> *En tus ojos amarillos amanece*
> *cuando en el mar las gaviotas*
> *y las olas*
> *unas líneas amarillas juntas tienden.*

Como ves, las palabras encajan bastante bien en una cuarteta con versos de 12-8-4-12 sílabas, aunque se podrían hacer los cambios necesarios para ajustar los sonidos silábicos.

Modelo 3

Nuevamente, con las mismas palabras se pueden establecer otras variantes formales. En este caso, podrías imponerte alguna limitación que creas coincidente con el estado de ánimo que deseas transmitir. Por ejemplo, que el número de sílabas no sea fijo en cada verso, pero que deba respetar ciertos parámetros (como que ningún verso tenga menos de cuatro sílabas ni más de nueve:

En tus ojos amarillos
amanece cuando en el mar
las gaviotas y las olas,
una línea amarilla
juntas tienden.

El sentido aislado de cada palabra es el mismo, pero su dinámica se ha alterado una vez más y, en consecuencia, varía un matiz del sentido total.

Cuando te encuentres con un texto o parte de un texto de una prosa poética, por ejemplo, que te gustaría retrabajar como un poema, divídelo en versos empleando una de las tres fórmulas anteriores. O emplea las tres para comprobar con cuál consigues el mejor efecto.

La experimentación con modelos formales de cualquier tipo, para los cuales puedes establecer tus propios parámetros rítmicos, te facilitará la elección del formato más apropiado para potenciar el mensaje.

Organización

En esta etapa trataremos la adecuada producción y presentación de poemas para concursos. Un poema ganador de un concurso –o al menos finalista y publicado– te proporcionará una gran satisfacción y el incentivo necesario para continuar escribiendo y perfeccionándote.

Puedes asesorarte sobre los concursos literarios más habituales a través de los medios de comunicación, como las agendas de periódicos y revistas; algunos se celebran cada año, normalmente por las mismas fechas, y con las mismas condiciones en cuanto a extensión, temática, modo de presentación, etcétera. Para confirmar los datos más importantes, pides información por carta a la entidad convocante. Guárdalos por orden cronológico de fecha de cierre. No hay nada más frustrante que escribir algo específico para un concurso, y enterarse después que el plazo de entrega se cerró el mes anterior.

Al mismo tiempo, prepara y guarda en un archivo los poemas que consideras más «redondos», mejor acabados, más originales, y que podrían tener una buena oportunidad en determinados concursos. Agruparlos en un archivo te proporcionará la oportunidad de seleccionarlos y asegurarte de que no mandas el mismo cada año o el que se ha publicado ya en alguna revista. Un poema ya publicado o ya enviado en convocatorias anteriores no es apropiado para enviar a un concurso.

Escoge tu trabajo con cuidado. Considera detenidamente la naturaleza del concurso. Infórmate sobre los organizadores, y decide qué trabajo sería más conveniente enviar. Por ejemplo, si la competición se realiza a beneficio de la gente de la tercera edad, puede ser una buena idea enviar alguna poesía que aborde las preocupaciones de las personas mayores.

Estudia las preferencias de estilos de los componentes del jurado. Lee sus elecciones anteriores y piensa si alguno de tus poemas coincide en algún punto con los seleccionados. Recuerda que cuanto antes envíes tu trabajo, más tiempo tardarás en saber cuál es su destino, y que cuanto más tardes en enviarlo, más tiempo te darás para producir un poema mejor o más apropiado para la ocasión.

Verifica las reglas del concurso con detalle antes de enviar nada. Suelen pedir un estilo particular de presentación, copias múltiples, etcétera. En algunas bases se pide poesía inédita, que no se haya presentado a ningún otro concurso.

Si exigen una cierta forma o un tema, envía solamente poemas que respondan a dichas condiciones. Si no te atienes a las reglas, perderás tiempo y dinero. Estás trabajando duro para escribir el mejor poema. No desperdicies tus oportunidades por no cumplir las normas. Guarda en archivos todos los trabajos que envíes, con la notación del lugar al que lo envías.

Si están disponibles, consigue una copia de los resultados, los poemas premiados y el informe del jurado. Podrás evaluar las tendencias actuales y conocerás las preferencias de los jurados. Archiva esta información cuidadosamente.

Descanso

Son muchos los poetas que ocultan sus trabajos como un secreto íntimo. Sin embargo, es muy útil dar a conocer tus poemas, tal vez no todos, pero sí los que has retrabajado y consideras acabados. Observar las reacciones cuando se los recitas a tus amigos te aportará elementos de juicio que podrás procesar como desees. Tampoco se trata de que sigas al pie de la letra las indicaciones de los demás, pero te permitirá un intercambio con resultados positivos para ambas partes: a ti te beneficiará conocer las distintas (o parecidas) reacciones y, posiblemente, ellos se alegrarán de participar en una especie de recital poético. Crear este tipo de atmósfera es un estímulo más para el poeta y tiene cada día más adeptos.

Así, puedes emplear esta etapa de escritura para planificar una imaginaria campaña de publicidad que promueva el interés por la poesía en general y por tu material en particular. Para esta segunda parte, prepara una lista de ideas pensando en tus trabajos, y aparta cualquier vestigio de modestia o reticencia. Aquí tienes algunas aportaciones para tu campaña:

- Verifica si tienes poemas cortos que encierren un mensaje poderoso o ingenioso.
- Coloca una copia de uno de éstos en cada carta que mandes a un amigo.
- Guarda una selección de material conveniente para las tarjetas de felicitación o saludos. Para Navidad, puedes escribir pequeños poemas especiales para la ocasión e incluirlos en la correspondencia.
- Escribe poemas para acompañar las fotografías que muestras a tus conocidos. Intenta componer un poema para cada fotografía del álbum y recuerda que se leerán con más entusiasmo los breves que los largos.
- Imprime algunos de tus poemas en tarjetas personales para los contactos informales.
- Las noticias periodísticas son un medio eficaz para escribir poemas sencillos. Recorta aquellas noticias que tengan algo que ver con tu poesía y escribe tomando algo de las mismas.
- Contacta con el periódico local para que te publiquen un poema, más tarde otro, y así sucesivamente hasta conseguir un reportaje.
- Intenta contactar con otros poetas y ten presente que es más eficaz y divertido que estar solo. Si no hay ningún grupo de taller de poesía en tu localidad,

investiga la posibilidad de crear uno. Si ya existe el grupo, búscalo y únete a ellos.

Una vez terminada tu lista de ideas imaginarias, llévalas a la práctica. Estas ideas no son un ejercicio de egocentrismo. El objetivo es que te conectes con la poesía existente en tu comunidad y escribas con más entusiasmo.

Dominio formal

Desde el siglo xv hasta nuestros días, el romance es una forma vigente que atrae por su musicalidad.

Consiste en una serie más o menos extensa de versos octosílabos. Los versos pueden sucederse en serie continua o estar agrupados en cuartetas. Los versos pares riman con rima asonante y los impares no riman. Con frecuencia incluye estribillos. Pueden combinar dos metros diferentes. El romance lírico es el tradicional, el narrativo cuenta un suceso y el dramático es el que tan a menudo aparece en el *Romancero gitano* de Federico García Lorca.

Ejemplo:

> *¡Ay!, un galán de esta villa,*
> *¡ay!, un galán de esta casa,*
> *¡ay!, de lejos que venía,*
> *¡ay!, de lejos que llegaba.*
> *–¡Ay!, diga lo que él quería,*
> *¡ay!, diga lo que él buscaba.*
> *–¡Ay!, busco a la blanca niña,*
> *–¡ay!, busco a la niña blanca*

que tiene la voz de plata;
cabello de oro tejía,
cabello de oro trenzaba.
—Otra no hay en esta villa,
otra no hay en esta casa,
si no era una mi prima,
si no era una prima hermana;
¡ay!, de marido perdida,
¡ay!, de marido velada.
—¡Ay!, diga a la blanca niña,
¡ay!, diga a la niña blanca,
¡ay!, que su amigo la espera,
¡ay!, que su amigo la aguarda
al pie de una fuente fría,
al pie de una fuente clara
que por el oro corría,
que por el oro manaba,
a orillas del mar que suena,
a orillas del mar que brama.

ANÓNIMO, siglo XV

Debido a sus características formales, el romance es una de las pocas composiciones poéticas que puede ser lírica, o bien narrar una historia completa o conmocionar como drama.

Taller

Medita sobre la manera más efectiva de comunicar emociones, ten en cuenta que debes transmitir el sentimiento auténtico y no el sentimentalismo. Un poema proviene de los sentimientos más profundos. Así como hurga en lo más hondo del alma del escritor, debe llegar emocionalmente al lector, impactarlo, provocarle un estado de detención durante la lectura.

> La poesía es quizá la forma más apropiada de escritura para expresar tus propias pasiones, pero no la más fácil para lograrlo.

Si escribes sobre una experiencia personal directa, intenta rescatar, entre los recuerdos que tengas de la misma, las sensaciones que te asaltaban en ese momento. Es importante evocar la emoción de lo que estás comunicando. Aunque puede ser doloroso ahondar en la memoria para encontrar la verdad de las emociones, es imprescindible hacerlo: no se puede hablar con fuerza de lo que no se ha experimentado, si de sentimientos se trata. Si bien los acontecimientos que hayas vivido personalmente y quieras utilizar en un texto literario deben alterarse para conseguir un efecto artístico, tu respuesta interna a estos episodios puede expresarse lo más directamente posible mediante una licencia poética. Revivir los sentimientos más genuinos de tu experiencia y utilizar la forma más precisa de expresarlos te permitirá escribir un buen poema.

También la observación y la filosofía son recursos emocionales que puedes emplear para analizar la clase de pasión que te embarga, la calidad de tus reacciones, frente al tema o la situación que quieres tratar.

El asunto puede girar en torno a algo ajeno a ti. En este caso, para conseguir veracidad debes recurrir a tu imaginación y a la exploración del material específico. Pero también recurre a la memoria emocional; una vez investigados los materiales, que en un principio te resultaban poco familiares, puedes asociar a ellos los sentimientos que te asaltaron ante un momento o un hecho equiparable al del poema en cuestión. Por ejemplo, si el poema trata de las diferencias establecidas entre hombres y mujeres en determinada sociedad –que nunca viviste en carne propia, pero te afecta como ser humano–, puedes apelar a los sentimientos que te embargaron cuando eras pequeño y alguien te agredió sin que pudieras defenderte.

Relee tus poemas escritos hace tiempo para comprobar cómo has trabajado los sentimientos. Analiza tus propias reacciones cuando vuelves a vivir los poemas, ahora como lector. Puedes hacerte preguntas como las siguientes:

• ¿Has empleado tópicos para expresar sentimientos universales?
• ¿O has intentado profundizar en tus sentimientos y así has encontrado procedimientos originales?
• ¿Has evitado la pasión de manera explícita?
• ¿Coincide el grado de pasión expuesto con la intensidad del poema?
• ¿Podría haber sido más fuerte el efecto para el lector si hubieras dejado rienda suelta a la emoción?

La intensidad emocional no es un requisito para lograr un buen poema. De hecho, la fuerza de algunas poesías radica en su desapasionada manera de ofrecer la información.

Si percibes que un poema te resulta «distante», no despierta tu sensibilidad, y supones que no la despertará en el lector, deberías intentar reescribirlo con una suficiente carga de sentimiento.

Ejercicios

1. Preséntate a ti mismo con dos palabras escogidas al azar de un diccionario.

2. Efectúa una lluvia de ideas de cinco minutos, apuntando cada palabra o frase que surge en tu mente, aunque no tenga ninguna conexión lógica con la idea que apareció inicialmente.

3. Repite el procedimiento anterior.

4. Tomando ideas de las dos listas obtenidas en los puntos 2 y 3, crea un poema.

5. Escribe un poema inspirado por algo que te pasó ayer. El poema puede centrarse en la experiencia vivida, o parecer completamente inconexo con lo ocurrido.

6. Escribe un poema completo sobre cualquier tema en un tiempo máximo de 20 minutos cronometrados.

Sexta etapa

Leer

Se han escrito muchos poemas motivados por una obra artística o que comentan, directa o indirectamente, una pintura, una escultura, una pieza musical. Puedes comprobarlo revisando poemarios, es probable que encuentres una buena selección de poesía basada en las artes. Esta búsqueda te resultará estimulante, realízala como tarea de lectura de esta etapa. Cuando hayas escogido el poema y sepas –o no– con qué obra artística está vinculado, serán diferentes tus reacciones frente al mismo poema. Es posible que conozcas la obra originaria –se trataría de que te familiarices con la misma–; o quizá no la conoces –se trataría de que investigues las características de la misma–, o que el punto de partida haya sido el poema y la obra naciera después:

1. Conoces la obra originaria.
· ¿Encuentras alguna similitud llamativa entre el poema y el trabajo original?
· ¿O entiendes que el original es tan sólo una punta que llevó al poeta a escribir el poema?
· ¿Puedes seguir los procesos del pensamiento que guiaron al poeta?
· ¿O no observas ningún eslabón lógico entre el trabajo original y el poema?

Analízalo más detalladamente:

• ¿Te inspira la obra originaria los mismos sentimientos y emociones que el poema?

• ¿Hay similitudes estructurales entre los dos trabajos? Por ejemplo, si la obra originaria es un fragmento musical, ¿coinciden los pasajes lentos y los movimientos rápidos en ambos?

Intenta imaginar que eres tú el poeta:

• ¿Podrías haber tenido ideas similares a las de él a partir de la obra originaria? ¿Podrías imaginarte escribiendo un poema similar al suyo, o seguirías líneas completamente diferentes?

• ¿Prefieres la obra originaria o el poema? Esta última puede ser una pregunta difícil; la opción depende de tu humor, el momento del día y otros factores.

Tanto en la lectura como en la escritura, el factor anímico es importante, y más aún en poesía, y al declarar tus preferencias, aunque sea de modo subjetivo, estás poniendo en orden tus pensamientos.

2. No conoces la obra originaria y tal vez nunca encuentres el trabajo originario que inspiró el poema:

• ¿El poema funciona igual, sin conocer su fuente, y a través de él se descubren indicios del original? Si tu respuesta es negativa, puede que el poeta haya confiado más en el material originario que en su propia idea, entonces una dimensión posible de goce del poema se ha perdido. Esto no significa que el poema sea fallido, sino que la obra originaria, en lugar de transferir su dinámica a la poesía, la anuló.

3. El estímulo originario es el poema:

• Piensa en el proceso contrario. ¿Conoces alguna estatua o un cuadro inspirado en un poema?

• ¿Hay algún eslabón –aparentemente intencional o no– entre los poemas y los fragmentos musicales, los collages o los bocetos resultantes? ¿Existen asociaciones que refuerzan los significados de ambos?

Escribir

Escribir un poema basado en un material gráfico es una práctica sumamente motivadora.

Para ello, escoge primero un boceto, una postal, una acuarela, un óleo, una instantánea, un dibujo hecho por un niño. Debe ser un material que te guste o que te transmita algo.

Empieza tomando notas generales sobre el mismo. Detalla su materia, el color, los sentimientos que te provoca. Pregúntate si percibes una historia sugerida, si te gusta o te perturba y por qué lo escogiste.

En cuanto hayas completado este análisis básico, escribe tu poema.

Probablemente, tus ideas no se han desarrollado todavía en todo su esplendor, pero no importa. Respeta tu espontaneidad y tus asociaciones inmediatas mientras escribes, resolviendo este ejercicio. Tampoco debe importarte en esta etapa qué clase de poema estás escribiendo o si es un poema. Tal vez, al principio, tu escritura asumirá forma de poema si la articulas en versos, en estrofas y no en párrafos. En este caso, puedes escribir un verso para cada giro de tu pensamiento.

Escribe tan rápidamente como puedas y déjate llevar por la libre asociación hasta que tus pensamientos conscientes empiecen a marcar el camino. No olvides que debes resistir la tentación de leer lo que has escrito para no bloquearte. Concéntrate en seguir escribiendo.

Vuelve a mirar el material gráfico elegido y repara en el efecto que causa en ti.

Decide si prefieres tenerlo ante ti, a medida que avanzas en la escritura, o si ya te resulta innecesario; si después de observarlo contadas veces ya no te parece el mismo, como si hubiera cambiado en algún aspecto.

Observa, entonces, si tu reacción emocional es igual que cuando empezaste, o se ha alterado tu sentimiento al traspasar el material gráfico al poema.

Cuando percibas que el ritmo de tu escritura decae, lee el poema lentamente y recurre a algunas preguntas para fortificar el proceso:

• ¿Tienen los versos una relación directa con tu apreciación del elemento gráfico?

• ¿Has escrito algo que te sorprende, absolutamente distinto del modelo original?

• ¿Encuentras ciertos rasgos particulares del original en el poema transformados en algún sentido?

Durante este tiempo te resultará útil tomar notas breves de tus respuestas para expandirlas luego en versos. Toma nota también de las incitaciones que te ha provocado el cuadro o el dibujo o la foto. Es probable que tu poema continúe desarrollándose –con o sin tu conocimiento– mientras tomas notas. Por último, trata de apuntar aspectos del proceso de escritura mismo, como los siguientes:

¿Suponías que escribirías una serie de versos largos y sin embargo has tenido la percepción general de un metro particular? ¿La obra inicial te sugirió versos irregulares? ¿Aparece algún elemento de la rima marcado por la misma? ¿Armoniza la forma de los versos, de alguna manera, con dicho modelo? ¿Por ejemplo, si el cuadro es de un paisaje, los versos son largos? ¿Si el cuadro es abstracto, los versos son cortos?

Al verificar en tus notas los rasgos aparecidos inconscientemente, estás rehaciendo el itinerario que seguiste para configurar el material del poema y que puede resultar en un nuevo poema.

Mantener a la vista la obra que has empleado como fuente mientras trabajas en el poema y guardar aquellos apuntes que más claramente indican tus reacciones frente a la misma, y la relación armónica o inarmónica entre la obra y el poema, pueden ser actividades beneficiosas para enriquecer el sentido del poema.

Cuando pongas punto final al primer proyecto de poema, prescinde del material gráfico. Desde ese instante, tu poema se alzará por sí mismo o caerá irremisiblemente al carecer de sostén.

Cuando hayas trabajado la escritura como lo haces habitualmente y conseguido un poema que te satisface, mira la obra originaria nuevamente. ¿Se complementan las dos obras de arte? ¿Son evidentes sus eslabones, están apenas sugeridos, o son inexistentes?

Finalmente, intenta comprobar si el poema se mantiene por sí solo: ¿Tiene algo que comunicar? ¿«Habla» con eficacia? Recuerda que no necesita tener un mensaje. Un poema puede ser el sentimiento de un instante, la descripción de una escena breve, un pensamiento fugaz, la visión momentánea de un carácter. En el extremo opuesto, puede sostener un mensaje universalmente vital, o transmitir los sentimientos más profundos que un ser humano posiblemente podría experimentar.

La comunicación existe cuando el poeta conecta con el lector y le aporta algo por la vía de sus palabras.

Organización

Para alguien que disfruta escribiendo poesía, puede ser interesante recabar todo tipo de informaciones: entre otras fuentes, de algún artículo o de algún programa de radio sobre poetas. Vale la pena guardar en un archivo los datos recogidos, coleccionar recortes específicos de revistas de escritores y de publicaciones de poesía; apuntes de una conferencia, charla, recital poético, seminario o taller a los que asistas. Esta variada recopilación puede verse reflejada en tus poemas y revitalizarlos.

Guarda en un archivo titulado «antología» los poemas que encuentres en libros, periódicos o revistas. Copia todo aquello que tenga relación con la poesía, o escribe tú mismo notas al respecto. Guarda los informes sobre poetas o sobre un aspecto de la poesía en general, sobre la enseñanza de la poesía en las escuelas, una revisión de una nueva colección, o rarezas como una tira de dibujos animados que menciona un poema. Copia en tarjetas los versos que mayor placer te producen y déjalos a la vista en tu entorno, son motores que te hacen pensar, fragmentos que te conducen inconscientemente hacia un poema.

Dedica tiempo a la lectura de la poesía y del material recopilado. Existe la posibilidad de que tu próximo poema esté tomando forma dentro de ti, incitado por este revulsivo. Si así ocurriera, está plenamente justificado el esfuerzo desplegado al preparar el archivo. Si no, da igual, has disfrutado unos minutos en compañía de la poesía y sus múltiples canales –y no hay mejor compañía que ésta.

Descanso

Aunque los poemas espaciales no gozan de mucha popularidad entre los editores, son un grato desafío para la invención y pueden exhibirse en una exposición, gracias a su efecto llamativo. Este tipo de poesía es un modo de transmitir algo a los espectadores a través de la visión.

Ejemplo:
Poema caligrama, de María del Carmen Rodríguez:

Un poema espacial depende de su apariencia en la página, que provoca un mayor o menor impacto en el lector antes de leerlo, una imagen mental.

Los poemas espaciales pueden tomar formas variadas. El caligrama del ejemplo está impreso en forma de árbol. El gráfico refuerza el mensaje de las palabras.

Al producir tu poema espacial, debes procurar representarlo de una manera intrigante. Puedes hacer con él un cartel que podría desplegarse y colocarse en una pared: mecanografiado en una hoja, puedes enmarcarlo. También puedes copiarlo en una ficha o en una tarjeta y enviarlo por correo a los amigos. Además, puedes hacer poemas tan breves que quepan en un punto de libro o en un llavero.

Concibe tus poemas y su forma de presentación como una sola entidad, y habrás descubierto una nueva dimensión del placer de escribir poesía.

Dominio formal

La lira se deriva de la canción petrarquista. Sus estrofas por lo general son cortas y de disposición simétrica entre sí, prescinden de la ordenación rigurosa petrarquista y –como lo hizo Garcilaso de la Vega– combinan dos endecasílabos y tres heptasílabos con dos rimas AbAb (rima consonante) o aBabB (rima abrazada).

Jim Rohn

"El conocimiento está formado por el 20% de lo que usted sabe, y el 80% de lo que usted infiere sobre lo que sabe"

Se subienen: 7.832.78 x 124.26/.00

Valor vehículo

Ejemplos:

> *Del céfiro en las alas conducida,*   A
> *por la radiante esfera*   b
> *baja, de rosas mil la sien ceñida,*   A
> *la alegre primavera.*   B

MELÉNDEZ VALDÉS, *Oda II*

> *¿Ves, oh dichoso Lícidas, el cielo*   A
> *brillar en pura lumbre,*   b
> *y el sol sublime en la celeste cumbre*   B
> *animar todo el suelo?*   A

MELÉNDEZ VALDÉS, *Oda VI*

Este llamado cuarteto-lira responde a estas condiciones, El mismo Meléndez Valdés inventó variaciones, como los esquemas AbAb, AbcC, AbBA y aBcC. Fue empleado por Bécquer en el Romanticismo, y por Rosalía de Castro, entre otros, y apreciado por los modernistas. Todos ellos introdujeron más variantes que tú también puedes aprovechar e introducir según tus necesidades.

Taller

Lee detalladamente los poemas que has escrito en algún momento con el objetivo de considerar el equilibrio del mensaje que quieres comunicar y su sentido global.

Estos poemas probablemente habrán sido revisados por lo menos una vez, pero el proceso de la revisión se concentra en los detalles de su construcción. Es necesario mirar atrás de vez en cuando y examinar el trabajo creado, en términos generales. La revisión inicial habrá resaltado el área de mensaje que deseaste comunicar.

Ahora analiza tu poema en conjunto y pregúntate qué te transmite, no te centres en el tema, sino también en la materia que le da textura a tu tema:

• ¿Son compatibles el tema y la materia? ¿Qué efecto te produce el mensaje tal como está escrito? ¿Puede incitar una reacción emocional fuerte o simplemente puede atraer la atención de algo trivial?

• Sin preocuparte todavía por el empleo de alguna palabra en especial, pregúntate sinceramente si has incluido la cantidad apropiada de material.

• ¿Asegurarías que el lector sabe lo que estás intentando comunicar?

• ¿Has evitado la tentación de explicar demasiado? Recuerda el valor de dejar volar un poco la imaginación del lector. Si todo se explica demasiado, no hay lugar para el enigma o las respuestas personales del receptor.

• Observa la manera en que has equilibrado tu poema. ¿Has inyectado el material a lo largo de un arroyo firme, que fluye pero que no se desmorona? ¿Presenta versos forzados por los detalles? ¿Presenta fragmentos en los que la mente del lector puede vagar, porque el poema no parece tener nada concreto que decir?

• Evalúa tus propias reacciones después de leer el poema. ¿Te sientes agotado con el esfuerzo? ¿Estás arrastrando metafóricamente los pies, anhelando que pase algo?

Si sabes delimitar el problema y reconoces a qué aspecto corresponde, podrás remediarlo con algo de esfuerzo. Determina qué partes del material están «en buen estado» y retrabaja el resto tratando de lograr coherencia.

No olvides la dificultad que implica la valoración de uno mismo, como medio fiable para juzgar el trabajo, incluso en el aspecto general. Sin embargo, y al mismo tiempo, si te sabes distanciar de la escritura, el hecho de estar analizando tus propias palabras te ofrece una ventaja porque conoces su génesis. Por lo tanto, guarda los primeros apuntes hasta que estés convencido de que no te van a ser de mayor utilidad.

> Actuando como tu propio crítico, sé honrado sobre tus limitaciones, pero también sé racional y tolerante contigo mismo.

Ejercicios

1. Escribe un poema corto que tenga rima, sobre algún lugar que detestas (un país lejano o un pueblo vecino).

2. Toma el título de cualquier poema y confecciona un anagrama con él.

3. Escribe un poema de verso libre que contenga el tema del título original del anagrama.

4. Escribe un poema en un máximo de veinte líneas con rima o verso libre que condense la historia de alguna novela que hayas disfrutado.

Séptima etapa

Leer

Escoge una antología de poesía y léela sólo por gusto, sin analizar nada. Lo más conveniente es que elijas un libro con el que puedas trabajar durante algún tiempo con un buen número de poemas de distintos poetas.

La idea es que intentes eludir la curiosidad natural que puedas sentir con respecto a la construcción, a los recursos poéticos, a los procesos de pensamiento que llevaron a la creación de los poemas.

Es decir, «sumérgete» en el libro, sin detenerte a buscar el significado preciso de algún poema. En todo caso, trata de tomar los interrogantes que se te presenten como un mecanismo estimulante para tu propia creación.

> La duda es parte de la magia de la poesía: prueba el placer de lo «incompleto», de lo que no se explica del todo e igualmente atrae.

Podrías representarte este proceso como si una parte de tu mente formulara preguntas y la respuesta quedara suspendida para más adelante. La oportunidad de resolverlas se presentará cuando vuelvas a leer los poemas. Una segunda lectura, y más aún una tercera, es esclarecedora, como cuando uno lucha inútilmente por resolver un crucigrama y al retomarlo tiempo después las respuestas aparecen con claridad.

Mientras hojeas la antología, lee algunos poemas en voz alta. Presta atención a los efectos que te provoca el mensaje, al modo en que el fluye ritmo. Recréate con la sensación que te provocan tus propias palabras dichas en voz alta.

Toma nota de los poemas que más te sorprendan o te gusten por algún motivo. Si alguno en especial te enfurece, o si te atrapa, apunta su título para realizar un estudio detallado otro día. Anota también el nombre de los poetas que vayas descubriendo. Haz una lista que incluyas poemas nuevos de poetas que ya conocías.

Al finalizar la lectura, efectúa los siguientes pasos, no para hacer un estudio detallado, sino para encontrar respuestas espontáneas:

1. Cierra el libro e intenta recordar tantos poemas como puedas por autor y título.

2. Pregúntate qué es lo que ha permanecido grabado en tu mente.

3. Interrógate sobre los poemas que recuerdas con más claridad: ¿por qué ésos y no otros te causaron una fuerte impresión?

4. De los poemas que han quedado grabados en tu mente, relee el que evoques con más intensidad y responde a los interrogantes siguientes para comprobar el tipo de influencia que puede provocar en tu campo creativo:

 • ¿Cuál es el grado de precisión del recuerdo?
 • ¿La segunda lectura modifica tu primera impresión?
 • ¿Crees que volverás a leerlo en otras ocasiones?

- ¿Te conmueve su lectura?
- ¿Crees que te conduce a un plano imaginario inédito?

Si el poema entero o parte de él te gusta mucho, cópialo y guárdalo en tu archivo: puede convertirse en una fuente de inspiración.

Escribir

Tanto si es tu estilo como si no lo es, escribe una poesía con versificación regular. Elige entre las formas tradicionales. Puedes trabajar con una rima establecida previamente.

Cualquiera que sea la forma que adoptes, la finalidad es que el poema tenga armonía. Para ello, cuando articulas la rima tienes que controlar el equilibrio métrico de los versos.

Puedes probar la rima consonante, en la que a partir de la última vocal acentuada, se repiten todos los fonemas, vocales y consonantes, y también la asonante, en la que a partir de la última sílaba acentuada, se repiten sólo las vocales.

Ejemplo:

Rima consonante:

En el siguiente poema, la rima es consonante entre los versos primero y cuarto, y entre los segundo y tercero de cada estrofa:

Mil novecientos diecisiete.
Mi adolescencia: la locura.
Por una caja de pintura,
un lienzo, en el blanco, un caballete.

Felicidad de mi equipaje
en la mañana impresionista.
Divino gozo, la imprevista
lección abierta del paisaje.

RAFAEL ALBERTI, *A la pintura (1917)*

Rima asonante:

En el siguiente poema, la rima es asonante entre los versos primero y segundo, entre los tercero, cuarto, quinto y sexto, y entre los séptimo y octavo:

Y se volvió loca la mujer
porque tuvo un pez.
Y porque supo amar
se volvió loca de atar.
Era blanca como sal
—era la amante del mar—
¡Y ella loca se volvió
porque tuvo un pez al sol!

GLORIA FUERTES, *Poema sin ton ni son*

En el arte trovadoresco, la rima consonante se convirtió en uno de los principales motivos de lucimiento, de maestría técnica. La asonante, más popular, ha sido más apreciada en la poesía española que en la de otras lenguas.

Porque exige una combinación más sencilla, la rima asonante te ofrece más opciones que la consonante.

Para comprobarlo, puedes confeccionar dos listas de palabras con silimitudes sonoras a partir de la misma palabra originaria, una con rimas consonantes y otra con rimas asonantes, y verás que las asonantes surgen con espontaneidad, sin buscarlas demasiado, y la lista de palabras puede ser interminable, mientras que con las consonantes te detendrás y posiblemente debas recurrir a la ayuda de un diccionario para confeccionarla.

En este apartado, busca palabras que rimen –no importa qué rima elijas– pero, al mismo tiempo, busca un significado. No establezcas rimas que no tengan una relación de sentido, porque la rima cumple su verdadera función al vincular el sonido con el sentido.

Las palabras elegidas para establecer una rima determinada deben corresponder a la mejor opción para expresar el mensaje.

Por ejemplo, si estás escribiendo un poema sobre la primavera, podrías empezar con el verso:

Brotes luminosos surgen entre las piedras

luego necesitas encontrar una rima para este primer verso, que podría ser asonante. Una posible progresión para el tema de la primavera es:

anuncian el renacimiento de la tierra

En lugar de esta idea, el primer verso te podría llevar a muchas otras como, por ejemplo:

El mundo abre sus puertas en primavera.

o bien:

Para las flores, la tierra no tiene fronteras.

o incluso:

En primavera rejuvenecen las viejas.

Las alternativas son numerosas y dependen del sentido que le quieras dar al tema. Si los versos no expresan dicho sentido, o no son pertinentes en el contexto, debes reemplazarlos.

¿Pero qué hacer si de las palabras que encuentras para rimar con el primer verso elegido no te satisface el significado y, a pesar de ello, quieres mantener ese verso como inicio del poema?

Podrías cambiar sólo la última palabra del verso originario y también cambiaría la rima. Así, en lugar de decir:

Brotes luminosos surgen entre las piedras

puedes decir:

Brotes luminosos surgen del suelo

y podrías continuar:

hazaña de las semillas que buscan el cielo.

Evidentemente, al ampliar las opciones puedes encontrar las rimas más adecuadas.

Organización

Una buena idea para instituir un sistema de análisis es analizar poemas de poetas que te atraigan. Durante el tiempo de lectura, tanto si lees de un modo crítico como si no, absorberás algún aspecto de su construcción que, con toda seguridad, será una información útil para tu propia escritura. Cada idea que te guste, cada mecanismo que te asombre, cada artificio que llame tu atención puede tener un efecto en tu propio trabajo. Es útil apuntar las observaciones durante la lectura y guardarlas como compilación de ideas.

¿Qué puedes apuntar?

• Cualquier palabra o frase que sea nueva para ti o que te resulte interesante.
• No se trata de apuntarlas con el fin de incorporarlas directamente a tu propio poema, sino para motivarte a partir de medios de expresión que te resulten novedosos y significativos.
• El punto de vista desde el que está presentado el poema.
• ¿Te resulta inusual? ¿Podrías imaginar el mismo material desde un enfoque diferente?
• Cualquier factor llamativo en la forma del poema, como su modelo de versificación, la construcción de la estrofa o su disposición en la página.

• El ritmo. ¿Tiene un ritmo ligero o inusual?

• El tema. Intenta evocar algo a partir del mismo. ¿Te intriga o te confunde?

Al desmontar el poema y observar sus distintos aspectos lo fijarás en tu mente y ampliarás tus propios horizontes poéticos. Así, cuando sientas agotada tu capacidad creativa, echar una mirada a las notas que has tomado te permitirá mejorar el rendimiento.

Descanso

La realidad nos provee constantemente de un elemento y su contrario. Para conocer, comparamos. Por lo tanto, este tipo de actitud, tomada como base generadora de un poema, puede convertirse en un juego agradable.

La dualidad (en sus diversas variantes: oposición, repetición, contraste, comparación, etcétera) es un mecanismo utilizado comúnmente por los poetas. Al reiterar un elemento, se llama la atención sobre él; al oponer dos realidades, el lector puede llegar a conclusiones propias buscando, como consecuencia, la tercera realidad, en la que confluyan las otras dos. También la comparación acerca dos elementos que en un punto se aproximan y en uno difieren.

Ejemplo:

Pablo Neruda opera con la repetición y la comparación en el poema XXVII de *Estravagario*:

Desnuda eres tan simple como una de tus manos,
lisa, terrestre, mínima, redonda, transparente,
tienes líneas de luna, caminos de manzana,
desnuda eres delgada como el trigo desnudo.

Desnuda eres azul como la noche en Cuba,
tienes enredaderas y estrellas en el pelo,
desnuda eres enorme y amarilla
como el verano en una iglesia de oro.

Desnuda eres pequeña como una de tus uñas,
curva, sutil, rosada hasta que nace el día
y te metes en el subterráneo del mundo

como en un largo túnel de trajes y trabajos:
tu claridad se apaga, se viste, se deshoja
y otra vez vuelve a ser una mano desnuda.

El uso de los mecanismos duales y el de la repetición conduce a un juego rítmico sumamente relajante, pero no debes abusar de ellos por comodidad.

Dominio formal

Todo poeta debe escribir al menos un haikú en su vida. Es un tipo de poema muy breve y muy difícil, debido a que en el espacio mínimo que ocupa debe sugerir una idea universal que, por serlo, puede ser muy simple. Claridad, sencillez, sugestión y universalidad son entonces sus postulados.

El haikú es una forma silábica japonesa de poesía. Normalmente consiste en una sola estrofa de diecisiete sílabas distribuidas en versos de cinco, siete y cinco sílabas. Sin embargo, pocas veces se ha respetado este esquema y la gran mayoría de haikús está compuesta por versos de un número variable de sílabas. Por otra parte, no impone ninguna restricción métrica: no emplea la rima ni la versificación acentual.

Se divide en dos bloques:

• El primer bloque es descriptivo. Ofrece la condición general y la ubicación temporal y espacial.

• En el segundo hay un giro –un cambio ligero de sentido o énfasis– y contiene un elemento activo.

La percepción poética surge del choque que se produce entre ambas partes.

Ejemplo:

> *Bajo las abiertas campánulas*
> *comemos nuestra comida,*
> *nosotros, que sólo somos hombres.*
>
> Basho

El waka o tanka es la antigua forma clásica del haikú, compuesta de dos estrofas de tres y dos versos, respectivamente. Ésta dio origen al renga, que es la sucesión de tankas, que por lo general se escribe entre varios poetas.

Si lo practicas, el haikú te ofrecerá la oportunidad de construir el poema de un modo distinto al acostumbrando. Su economía y su poder de sugerencia al ser tan breve es una virtud inestimable para los poetas.

Taller

La selección del léxico a emplear es una tarea vital para un poeta. La precisión de la palabra exacta es esencial, el poeta debe pretender que cada palabra elegida sea la más apropiada. Al mismo tiempo, debe conseguir que el lenguaje mediante el que se expresa, el conjunto en el que incorpora cada palabra y del que, a la vez, cada palabra es un eslabón, trascienda lo trivial.

Las palabras deben ser empleadas en forma correcta, verificando su uso en el diccionario si fuera necesario; pero también deben reflejar el uso vivo de idioma. Es decir, deben escogerse con instinto y olfato.

Cuando necesites compulsivamente lanzar fuera un poema, deja fluir las palabras, permítelas surgir, ya habrá tiempo para la revisión y para reemplazar las que no encajen. Pero si así te ocurre, es probable que no tengas necesidad de cambiar más que unas pocas palabras, como si tu mente, inspiración de la musa o como lo quieras llamar, te hubiera presentado el poema de forma casi perfecta.

Esto no significa que te tengas que saltar el proceso de la revisión y no cambiar nada.

De hecho, además de concentrarte en la efectividad de las palabras empleadas, debes estar en guardia contra las ocho tentaciones mortales del léxico para un poeta, que son las siguientes:

1. La exaltación inútil. Un vocabulario salpicado de exclamaciones y palabras rimbombantes es un recurso pobre.

2. Los arcaísmos. Formas de expresión anacrónicas.

3. Los términos vacíos. Palabras como *bonito* y *majestuoso* están bien una guía turística, pero al poeta no le ofrecen la precisión requerida para expresar sus pensamientos.

4. Los adjetivos. No hay nada malo en el adjetivo como tal, pero los poetas pueden caer en la tentación de emplearlos en demasía y en su línea más descriptiva y menos sugerente.

5. Los adverbios. Necesitan ser tratados con cautela. Normalmente, es mejor buscar un verbo preciso que calificar con un adverbio.

6. Los tópicos. Hay que tener cuidado con las palabras que se han usado demasiadas veces para transmitir un mensaje. El poeta debe proponer una alternativa sorprendente.

7. La repetición. La repetición trabaja como dispositivo poético, pero en ocasiones es innecesaria. En poesía, una palabra bien escogida contiene en sí misma el suficiente énfasis: no la repitas si no se justifica.

8. Los artículos definidos. Su abuso puede resultar tedioso.

Para escribir poemas más ricos y personales, conviene tener en cuenta estos riesgos. Aunque cada poema es una entidad única, las anteriores advertencias son reglas de aplicación general.

Al mismo tiempo, intenta ampliar tu vocabulario.

Entre otras prácticas, puedes jugar con los sonidos y explorar las onomatopeyas. Inventa nuevas palabras e inclúyelas en tu vocabulario habitual. Explora el vocabulario que podrías emplear para un asunto determinado. Anota palabras de doble significado.

Estos ejercicios no están diseñados para forzar el uso del lenguaje, sino para hacerlo más simple, más variado y para que disfrutes manejando las herramientas del lenguaje poético.

Ejercicios

1. Elige un poema del siglo XIX y actualízalo usando el vocabulario de esta época y transformando el mensaje del mismo.

2. Haz una lista de los errores gramaticales, palabras y frases que te irritan en una conversación ordinaria y otra lista de los que te irritan en un poema. Verifica tus propios poemas y asegúrate de que no has usado ninguna de las expresiones de tus listas.

3. Escribe un poema rimado para incluirlo en una tarjeta de saludo o felicitación.

Octava etapa

Leer

Lee algún trabajo de un poeta para quien la riqueza del lenguaje es un estilo de vida, te familiarizarás con técnicas que tú mismo podrás aplicar.

Lee en silencio y luego en voz alta y anota las diferencias de efecto entre el texto impreso y el oral. Observa si el poema contiene palabras dulces, mundanas, si están dispuestas en un orden armonioso. Considera la materia del poema. ¿Hay algo en él que se presta a un acercamiento especial? Imagínate la misma materia en manos de otro escritor. ¿Cuáles serían las diferencias? Observa la métrica, el ritmo y la rima. ¿Contribuyen a la calidad del poema? ¿Qué particularidades percibes en el uso del lenguaje y en el consecuente significado? Presta atención a la proporción de adjetivos y adverbios. Compáralo con tu poema. ¿Se aproxima a lo que esperabas?

Apunta unas cuantas de las palabras que emplea el poeta. A continuación, escribe una versión propia con dichas palabras, inclúyelas todas siguiendo tu estilo.

Examina ambas versiones. ¿Las dos comunican un mensaje con claridad? ¿Has aprovechado la riqueza del léxico como lo ha hecho el poeta?

Vuélvelo a leer y hazte las siguientes preguntas: ¿Te gusta el poema que has escrito o más el que has leído? En cualquier caso, ¿por qué? Si no te gusta tu poema, ¿por qué no? Con las respuestas estarás aproximándote a tus preferencias de estilo.

Escribir

Se puede ampliar un tema que nos preocupa a medida que se escribe el poema. Para ello, un mecanismo fructífero es la definición, que puedes trabajar de la siguiente manera:
- Delimita el tema que te preocupa.
- Considera los aspectos que engloba dicho tema.
- Escoge el tema general o uno de estos aspectos para desarrollar el poema.
- Inicia el primer verso como una definición que crece en los versos siguientes.

Recomendación: para trabajar con la definición, es conveniente emplear un tipo de estrofa clásica que indique netamente el ritmo poético.

Ejemplo:

Incluso se puede emplear esta fórmula para escribir canciones, como lo hace Joaquín Sabina en la siguiente:
Tema preocupante general: la infancia.
Forma poética: soneto.

> *Mi infancia es una iglesia con campanas*
> *y el patio de un colegio salesiano*
> *y el rosario seis veces por semana*
> *y una charca con ranas en verano.*

Mi infancia la marcó don Evaristo
con sangre para que la letra entrara;
yo era un niño con granos, flaco y listo,
los profesores... sádicos con vara.

Y el cine del domingo por la tarde
y la primera novia y las primeras
pajas y los primeros desengaños.

Y los adultos mansos y cobardes
y los tricornios por la carretera
y huir cuando se cumplen veinte años.

El tema no es unilineal en un poema, contiene numerosos temas subsidiarios que puedes dosificar según la mayor o menor importancia que les otorgues dentro del tema principal.

Organización

En el caótico mundo de la escritura –más aún de la escritura de poesía– es conveniente que te impongas cierta disciplina. Para ello, es importante trazarse una serie de objetivos y tener claros los logros.

Puede parecer contradictorio hablar de disciplina en el contexto de un fenómeno creativo, pero escribir poesía puede ser una tarea anárquica y fragmentaria si se emprende de forma irregular y caprichosa.

En primer lugar, para perfilar los objetivos, puedes empezar con una lista de intenciones como la siguiente:

· Aumentar mi rendimiento.

· Publicar en revistas.

· Publicitarme como poeta.

· Preparar una colección de cincuenta a sesenta poemas.

Para cada intención que agregues a la lista, debes señalar detalles concretos. Así:

· Aumentar mi rendimiento: puede aumentar si le dedico dos horas más a la semana de lo que le he dedicado hasta el momento, si guardo notas de todas la ideas embrionarias.

· Publicar en revistas: seguir paso a paso las publicaciones que me interesan y buscar nuevas revistas en las librerías especializadas.

· Publicitarme como poeta: enviar mis poemas a la prensa o a la radio. Ir a la biblioteca y hacer lecturas de poesía.

· Preparar una colección de cincuenta a sesenta poemas: en los próximos doce meses tengo que decidir un método de trabajo y aplicarlo. Archivar mis trabajos sin excepción.

En segundo lugar, en esta fase es útil hacer una lista de logros. Podrías registrar tus logros exitosos durante los últimos seis meses, o desde principios de año.

Categorízalos bajo títulos apropiados, por ejemplo: «poemas acabados», «poemas aceptados», «poemas premiados»...

Si quieres ser poeta, tienes que escribir poesía; si te planteas un camino a seguir, una posible dirección y una serie de ambiciones a lograr, probablemente escribirás con más eficacia.

Descanso

Una forma divertida de inventar poemas es la de los acrósticos, que permiten destacar un mensaje o escribir el poema a una persona en particular.

El acróstico clásico es una composición en la cual las letras iniciales de cada verso forman una palabra. Puede escribirse siguiendo la forma que se desee, pero tradicionalmente se usa rima y metro.

Puedes confeccionar un acróstico como método de relajación.

Deletrea el nombre del destinatario o el mensaje que deseas enviarle a un lado de la página, y luego completa los versos.

Ejemplo:

En el siguiente acróstico el mensaje es: «Te esperé en vano».

Te recuerdo ahora
el viento te nombraba

en cada gesto
sonido inaugural
por las calles desiertas
en mi alma sola
regreso a tu pasado
envuelto en mi presente que te añora

en vano, la batalla ya perdida
navego por los rastros de tu sombra

> *vacío viaje*
> **a**brazado a un olvido
> **no** deseado
> **o**scuro

No hay una única fórmula para escribir un acróstico. De hecho, puedes emplear la rima y la métrica fija, pero también el verso libre.

Si tu mensaje tiene más de una palabra, puedes empezar una nueva estrofa para cada palabra, o escribir en un bloque continuo.

También puedes poner el mensaje del lado derecho de la página y escribirlo en sentido contrario: las letras finales de los versos serán las que contengan el mensaje.

Puedes escribir también un acróstico doble, en el que la última letra de cada verso sea igual que la primera. Será un acróstico compuesto.

La construcción de un acróstico tiene un componente lúdico muy importante y a la vez la fórmula refuerza tu habilidad para manipular palabras.

Dominio formal

Dominar poesías cuya forma es de composición fija es un modo de imponerte una disciplina necesaria para captar las variaciones rítmicas clásicas y a partir de ellas crear las propias. Formas de composición fija son las que siguen una estructura establecida, determinada previamente por una melodía, proceden de la poesía cantada, tienen un número indeterminado de versos y pueden tener estrofas o no.

Entre este tipo de poemas destaca el villancico, poesía estrófica de composición fija, pero de variable forma métrica.

Un villancico clásico es el constituido por el cuerpo de la canción (es una redondilla: cuatro versos octosílabos de los que riman el primero y el cuarto, el segundo y el tercero), el estribillo (es una cuarteta heptasílaba), un verso de enlace entre ambos que repite la última consonancia de la redondilla y otro que vuelve a la rima del estribillo.

Ejemplo:

> *Por el arco de Elvira*
> *quiero verte pasear,*
> *para saber tu nombre*
> *y ponerme a llorar.*
> *¿Qué luna gris de las nueve*
> *te desangró la mejilla?*
> *¿Quién recoge tu semilla*
> *de llamarada en la nieve?*
> *¿Qué alfiler de cactus breve*
> *asesina tu cristal?*
> *Por el arco de Elvira*
> *quiero verte pasar...*

Numerosas canciones, como *Marinero en tierra*, de Rafael Alberti, siguen las líneas del villancico, que puedes adaptar según tus deseos.

Taller

Considerando que has escrito poesía rimada en esta etapa, vale la pena tomar decisiones sobre la construcción.

Cuando no se sabe qué opción tomar, hay que escribir sin plantearse nada: si la idea para un poema es buena, se presentará en el formato de versificación más correcto para ese poema. Por lo tanto, no te hagas la pregunta: ¿debo usar rima? Escribe y, a medida que vaya surgiendo, el mismo poema te dirá si necesita y cuándo necesita rimar sonidos.

En teoría, lo mejor sería intentar primero una variedad de rimas diferentes: verso libre, rima consonante, rima asonante, combinaciones diferentes de versificación y modelos métricos y, tarde o temprano, encontrarás la mejor forma para tu poema.

En la práctica, es diferente. Debes permitir que fluyan libremente las primeras palabras. Es una forma más dinámica de trabajar. Después, revisa el poema desde el inicio y, si no ha surgido la magia necesaria, deja este trabajo para otro día.

Sea cual sea la opción que elijas, si su revisión y corrección te resulta complicada, la manera de salir del embrollo es comenzar de nuevo, desde el principio, hasta encontrar el método adecuado para expresarte.

Si no quedas satisfecho, escribe otro poema diferente sobre el mismo tema.

Si tienes mucho empeño en escribirlo con rima y no te sale, toma un poema que te guste mucho e imita su rima, pero desarrollando tu propio tema; luego vuélvelo a escribir sin rima, es decir con verso libre, y luego busca opciones de rima consonante y asonante. Compara las versiones y escoge la que más te guste y la que mejor exprese tu mensaje.

Lo anterior no es más que un ejercicio sobre la dinámica de la rima. A partir de la práctica de este tipo de ejercicios, tus propios instintos se irán desarrollando y te guiarán con precisión.

Ejercicios

1. Imagina una caja de cualquier clase, forma y tamaño. Escribe un poema sobre su contenido imaginario.

2. Echa un vistazo a las instrucciones de un juego, a una receta, o al manual de un electrodoméstico, y encuentra en ellos material poético. Luego trata de conformar un poema con este material.

3. Escribe un poema desde el punto de vista negativo de uno de tus miedos, o desde el punto de vista positivo de una de tus fantasías.

Novena etapa

Leer

Escoge una antología de poesía contemporánea o una colección de poemas de un autor. Lee tanta poesía contemporánea como puedas. Lee rápidamente y sin seleccionar. El objetivo de este ejercicio es sumergirte en la escritura de hoy.

Cuando hayas leído durante aproximadamente media hora, déjalo y haz algo totalmente diferente durante un rato. Regresa luego al libro y vuelve a leer los poemas. Esta vez sé más selectivo. Quédate con uno de los poemas que te hayan impactado en la primera lectura. Relee los poemas que más te llamaron la atención. Emplea más tiempo en aquellos que más te intrigan, tanto si te gusta el tema como si no, y menos tiempo en los que te atraen superficialmente. Analiza tus reacciones al leerlos por segunda vez. ¿Te producen placer, repugnancia, envidia? «Ojalá lo hubiese escrito yo», es el comentario más halagador para un poeta.

¿Sientes la necesidad de volver a leerlos? ¿Hay temas comunes en ellos? En este caso, ¿tienen alguna relevancia especial para ti?

Ahora considera los tecnicismos de los poemas. ¿Están escritos en verso libre, en una forma regular, estricta, o combina ambos tipos de versificación? ¿El uso del lenguaje es rico, original? ¿Fluyen o son muy técnicos?

Abandónalos de nuevo durante algún tiempo.

Antes de regresar a ellos, intenta recordar títulos, temas que te llamaron la atención. Apunta un fragmento que recuerdes. Pon a prueba tu memoria y redescubre los puntos más eficaces del poema. El propósito de este ejercicio de lectura es doble. Los beneficios de la lectura nunca deben ser infravalorados por un poeta.

Sumergirse en la poesía actual es una manera directa de entrar en la disposición creativa.

Pero hay un segundo punto a tener en cuenta. Los poemas leídos están publicados. Incluso aquellos que no consideraste dignos de una segunda mirada han atraído a un editor. Descubriendo la raíz de esa atracción estarás en camino de descubrir los secretos de un poema publicable.

Toma el material de un poeta laureado, uno de los nombres consagrados o el de uno medianamente conocido y sea cual sea tu opinión al respecto, debes reconocer y prestar atención a una escritura que ha sido distinguida.

Lee algunos de sus poemas e imagina qué impulso le ha llevado a escribirlos. ¿Resultan naturales o parecen forzados? ¿El tema es inusual o destacable? ¿Superficial o profundo?

Analiza cada aspecto de su construcción, examina las posibles motivaciones, el tratamiento del material, el equilibrio, la rima, el ritmo, la métrica, el uso del lenguaje, etcétera.

Hazlo a un nivel comparativo. ¿Cómo podrías comparar cada aspecto del poema con la manera de tratar tu propia obra?

Esta comparación no implica que debes escribir un pastiche de la obra escogida, sino satisfacer una curiosidad natural del poeta frente a otro poeta y no olvidar que todos los poetas pasan por una experiencia común. La búsqueda de una palabra, la lucha por el mensaje claro, la agonía de eliminar, cortar, para dar más fuerza a un poema, serán problemas eternos para los poetas.

Escribir

También en tus viajes deberías encontrar material para escribir poesía. Mientras tanto, recurre a los recuerdos de tus vacaciones o a las notas que hayas tomado en alguno de tus viajes. Piensa en el paisaje siempre cambiante, que puedes trasladar al poema como movimiento, sonido, ritmo. Cada imagen captada desde la ventanilla del coche, del tren, del avión o del barco puede ser el motivo productor de un poema.

> Examina cada recuerdo buscando el germen de un poema. Añade imaginación a la memoria para reavivar la llama.

Imagínate a ti mismo en vacaciones para experimentar a través de la memoria la relajación que forma parte de unas buenas vacaciones. Relájate físicamente. Túmbate en el suelo o siéntate en una silla en la postura más cómoda que puedas. Después practica una relajación mental. Intenta vaciar tu mente de preocupaciones cotidianas. Olvida los problemas que te rodean. Crea la ilusión de tener todo el tiempo del mundo y ninguna culpa por malgastarlo. Permanece en este estado durante unos diez minutos, después de los cuales tu mente debería estar plagada de ideas sobre las que puedes escribir.

Si no has conseguido relajarte, intenta alguno de estos estímulos para conseguirlo:

1. Explora las tres diferencias más importantes entre el sitio donde pasaste tus últimas vacaciones y tu casa. Escribe imágenes que evoquen las escenas con más detalles que cualquier postal.

2. Recuerda las reacciones sensoriales de tus últimas vacaciones, diferentes a las cotidianas. ¿Cómo percibías sobre tu piel el sol al que no estás acostumbrado? ¿En qué se diferenciaban los sonidos que oías en el campo de los de la ciudad o viceversa? ¿Cuál es el preciso sabor que debe tener una paella, junto al mar o en la ciudad? Toma notas detalladas.

3. Lee alguna información sobre la localidad donde pasaste unas vacaciones de las que disfrutaste mucho. ¿Puedes incluir en un poema parte de la información real?

4. Acuérdate de algún cuento regional que hayas escuchado en ese lugar o algunas costumbres locales que hayas observado. Expándelas hasta escribir un poema.

5. Si has comprado algún objeto típico de la zona, obsérvalo detenidamente. Las conchas, los encajes manuales, las entradas de teatro o el vino local, por ejemplo, pueden estimularte a escribir.

6. Una vez hayas escrito sobre este material claramente definido y directo, apártate de la inmediatez de la experiencia. Vuelve otra vez a repasar tus recuerdos. Desde esta distancia, reflexiona:

• ¿Cuál de tus recuerdos es más intenso?

• ¿Cuáles son las respuestas emocionales que recuerdas?

• ¿Hay algún personaje, un incidente o una idea, arraigados en tus vacaciones, que clama por salir e instalarse en un poema?

• Repasa tus fotografías. A medida que recuerdas cada ocasión que te ha movido a hacer la foto, intenta recordar las sensaciones que tuviste en aquel momento. ¿Tenías calor, frío, estabas cansado o descansado, tenías hambre, estabas enfermo...?

Emplea una de estas sensaciones en un poema.

Y en tu próximo viaje, no olvides llevar una libreta para tomar notas lo más completas posibles.

Organización

Si tu interés por la poesía va en aumento, deberías estar suscrito a algunas de las revistas literarias que se publican. Leer cada revista es la manera mas fácil de familiarizarte con los criterios de su editor, pero es una buena idea tomar notas de sus características. Si publica verso libre, es poco probable que acepte una forma poética estricta. Si nunca publica poemas que hagan cualquier tipo de referencia a temas religiosos no cambiará su política por ti.

Confecciona una lista actualizada con el nombre de la revista, el editor, la dirección editorial y tus observaciones; de este modo ahorrarás tiempo y problemas al seleccionar una revista para enviar tus trabajos.

Ten en cuenta todo tipo de exigencias de la revista para presentar los poemas. Puedes mirar números anteriores para constatarlo. Con seguridad, se pedirá el trabajo mecanografiado en papel Din-A4 a doble espacio, pero puede ser que exija dos copias de cada poema o un número máximo de poemas o que establezca un tiempo determinado entre las publicaciones de un mismo autor o un límite de versos por poema.

Presta atención también a aquellas áreas de la revista que no tienen que ver con los poemas en sí, sino que ofrecen críticas, editoriales, consejos, noticias sobre otros concursos, etcétera. Cuanta más información reúnas, más posibilidades tendrás de encontrar un hueco para tus trabajos en sus páginas.

Descanso

En esta etapa, descansar puede ser llevar un diario con total libertad. Un diario es un territorio muy personal. Puedes elaborar un diario de poesía como continente en el que podrás descargar todo aquello que te provoque tensiones y hacer borradores de futuros poemas.

Registra pequeños detalles de los momentos más memorables de la última semana y escribe poemas en forma rimada o libre. Puedes desarrollarlos como una secuencia de poemas o como un poema largo. Una secuencia puede tener el mismo estilo desde el principio al final, o puede variar.

Éste no es un proyecto para un solo día. Intenta continuarlo durante un período más o menos largo. Escribe un poco cada día o una vez a la semana o una vez al mes, según tus necesidades. Una vez tengas claro tu horario, síguelo. Sin embargo, aunque te estés disciplinando para escribir regularmente no seas demasiado estricto respecto a la manera en la cual se desarrolla el diario. Deja que las ideas reposen en tu cabeza y estáte preparado para tratar hechos mínimos en una sesión y una amplia cadena de acontecimientos en otra.

Registra los acontecimientos importantes de tu vida como, por ejemplo, un suceso familiar, un nuevo trabajo, etcétera. Registra también los hechos más puntuales o poco trascendentes, por ejemplo: cuando te lastimaste el dedo, cuando te quedaste sin entradas para ir a un concierto, cuando derramaste una taza de café. Con seguridad, cada uno de ellos contiene algo poético y tal vez te sorprendas escribiendo mejor cuando te basas en las menudencias de la vida que cuando hablas de los grandes hechos. Se supone que este diario es algo personal y no un catálogo de acontecimientos a nivel mundial, pero también puedes sentir la necesidad de escribir sobre una noticia de carácter general que provoque en ti una reacción emocional. Además del efecto catártico de dejar salir tu emoción, quizá hayas encontrado un hilo temático que te lleve a todo tipo de formas. Cuando planifiques el horario en el que escribirás en tu diario, fíjate una fecha para finalizar este ejercicio.

Si tu escritura fluye y encuentras que el diario es un ejercicio estimulante, la interrupción no será más que una pausa.

Pero si compruebas que no te ha funcionado y que cada registro da como resultado un tipo de escritura más rígida y forzada que la anterior, suspende el ejercicio del diario, al que puedes volver en otro momento.

Mientras escribas en el diario, no releas lo escrito en días anteriores. Hazlo al final, en la fecha que te has fijado para interrumpirlo. Aunque es tentador empezar la escritura de cada sesión con una lectura del trabajo ya escrito, intenta evitarlo. Cuando llegue el momento, te encontraras todo tipo de sorpresas.

> Revisa tu diario buscando en cada una de sus áreas un potencial de desarrollo.

El diario puede ser particularmente útil para un corto período de tiempo en el cual se suman acontecimientos, emociones, reuniones, separaciones, etcétera. Una visita especial, los días inmediatamente anteriores o posteriores a una boda o la época de Navidad y reencuentros son perfectos ejemplos.

Quizás tengas al final una serie de poemas que no se parecen en nada y vale la pena trabajar cada uno por separado. O, tal vez, un poema largo, al cual has ido añadiendo algo cada día, se haya convertido en un documento fascinante que ilumina una época de tu vida.

Dominio formal

Si bien los poetas actuales siguen empleando toda clase de formas basadas en esquemas predeterminados, la métrica moderna las rechaza y crea el esquema rítmico que necesita en cada ocasión. Emplea el verso libre, que no acepta restricciones, pero debe formar grupo con otros versos y responder a una unidad rítmica exclusiva para cada poema.

Ejemplo:

En este ejemplo, el ritmo proviene de la rima asonante entre las palabras: *sediento, forastero, infierno, tiempo* y *cielo*, en versos irregulares.

Desencuentro

El cura avanza en su disfraz. Sediento
recoge las limosnas, bebe el vino de misa,
no invita al forastero
No sabe
que el forastero tiene una taberna propia
muy cerca del infierno
que alquila desde hace tiempo
al dueño del cielo

ERNESTO FORLI

En el siguiente ejemplo el ritmo se consigue gracias a la extensión de los versos, de nueve sílabas el primero, el cuarto y el quinto, el segundo y el tercero son largos y el último, breve.

Vigilia

Ya llegan las primeras lluvias,
el valle despereza su agonía sobre el último turista.
Desde lo alto, el cielo es un color que el viento disipa.
La iglesia controla el paisaje
cobrando su peaje absurdo
hacia mejores días.

ARIEL RIVADENEIRA

Taller

Es un ejercicio interesante trabajar con poemas destinados a ser leídos en público, en un recital.

De alguna manera, todos los poemas son sonoros, puesto que la mente del lector silencioso interpreta las palabras en la página otorgándoles valores sonoros que le ayudan a entenderlo. Un poema puede ser igualmente emocionante para el lector que lo ve en una página y para el que escucha sus versos leídos en voz alta.

Pero, además de las técnicas de escritura que aplicas a cada poema, un poema destinado a ser recitado en público debe responder a ciertas condiciones y tener ciertas características.

En este caso, a medida que lo escribes intenta captar si algún verso suena mal o presenta un exceso de artificios como la aliteración, que pueden convertirlo en un trabalenguas para quien lo recita y tedioso para quien lo escuche.

Al mismo tiempo, intenta captar los efectos positivos, como ciertas onomatopeyas que refuerzan el mensaje del poema y permiten a quien lo recite destacar las variedades vocales.

Pero evita y recrea los tópicos. Si los recreas, al reconocer una nueva versión de una frase conocida, el público se sentirá sorprendido y prestará más atención esperando oír otras imágenes evocadoras.

Asegúrate de que la poesía destinada a ser recitada trabaje un material directo, sin demasiados matices que tengan que ser analizados o interpretados. Su intención debe ser clara. Si lo que quieres decir se sumerge en la profundidad de las abstracciones, la oscuridad y la confusión, perderás la atención del público.

Piensa que, si escribes con este objetivo, no estás escribiendo para lectores que pueden apreciar una presentación imaginativa sobre una página impresa, sino para aquellos que pueden captar los elementos teatrales de tu poema: una poesía que pueda dar pie a movimientos o gestos leves, a una presentación coral o a una versión dramática, tendrá un atractivo añadido.

Por otra parte, ten presentes los estilos y los temas que atraen especialmente al público. El humor siempre es popular, todo el mundo tiene ganas de reírse y, si estás preparando un recital, los momentos de levedad y relajación son esenciales para disipar tensiones después de la concentración.

Las formas tradicionales, a las que corresponden los modelos rimados y métricos, son más fáciles de absorber en una primera recitación y más fáciles de reconocer como poema que el verso libre.

Y, sobre todo, recuerda que el público tiene una sola oportunidad de apreciar tu poema. Si lo recitas lentamente, en voz bien alta, y si contiene un mensaje claro, resultará atractivo para todo aquel que lo escuche.

Ejercicios

1. Escribe un poema basado en un color.

2. Elige seis palabras al azar, por ejemplo abriendo un diccionario por distintas páginas. Apúntalas siguiendo órdenes diferentes. ¿Cualquiera de ellas te sugiere un poema? ¿Descubres tal vez un poema surrealista alterando una y otra lista?

3. Apunta una lista de datos sobre diez poemas que quieras escribir.

4. Toma notas de tus nuevas ideas cada vez que éstas aparezcan. Así contarás con una fuente importante de material para empezar y no desperdiciarás energía creativa.

Repasa los ejercicios de este libro con tal de obtener cuantas más variantes mejor.

¡Que escribir poesía te proporcione un goce continuo!

Índice